世界への扉を、英語の歌が開く
茂木健一郎

英語に興味を持ってもらうためには、まずは何よりも、「音」が大切である。

それは、私たちが母語としての日本語を獲得したプロセスを考えても、納得できるだろう。読んだり、書いたりすることを学ぶずっと前に、私たちは両親や回りの人の言葉を、音として聞いていた。

言葉の意味をつかさどる大脳皮質のウェルニッケ野は、聴覚野のすぐ近くにある。さまざまな言葉を耳にするという経験を総合、整理することで、言葉の意味が処理できるようになってくるのだ。

幼い頃から英語の音に親しむ。その際に、英語の歌を聞くのは、最も効果的で、また歓びに満ちた方法だと言うことができる。

脳の中では、音楽と言葉は深い関係にある。言葉を話す時に用いられる、前頭葉のブローカ野は、音楽の処理にも使われることがわかっている。言葉が音楽に合わせて脳に届くことで、より強く、深い活動が促されるのである。

英語を習得できるかどうかは、英語的な発想や、考え方にどれくらい触れられるかに、かかっている。英語の表現ににじみ出ている人々の気持ちや、ものの見方に共感したり、日本語との違いに気づいたりすることで、英語という言語に対する興味が、ぐっと増してくる。

英語の歌を聞くことは、英語圏の文化や歴史に対する興味を、自然に促すことになる。文章を読んだり、朗読を聞いたりすること以上に、い

わば英語の「総合芸術」としての体験が、脳に刻み込まれることになるのだ。

英語の歌は、繰り返し聞くことに適している。かつて、哲学者のニーチェは、音楽におけるメロディの大切さに触れ、だからこそ同じメロディで1番、2番、3番と異なる詞が歌われるのだと説いた。印象的なメロディにのせて言葉を聞くことで、より鮮明に記憶に定着される。

私自身、子どもの頃から、英語の歌に親しんできた。この本に収められている英語の歌は、私が長年聞き続けてきた名曲ばかりである。

音楽に耳が慣れてきたら、今度は一緒に歌ってみるのも良いだろう。音楽として英語を聞き、それに合わせて歌っているうちに、自然に英語の発音や、リズム、イントネーションが身についていく。

幼い頃から英語の歌に脳が親しむことで、「英語脳」が育まれ、広い世界への好奇心が芽生える。世界への扉を、英語の歌が開いてくれる。国際的に活躍するすばらしい人生への第一歩が、この本にあると言っても良いだろう。

茂木健一郎

脳科学者。ソニーコンピュータサイエンス研究所シニアリサーチャー。東京大学大学院理学系研究科物理学専攻課程修了。理化学研究所、ケンブリッジ大学を経て現職。

英語の歌を唱う楽しさ
松本侑子

子どもの頃、父が英語学習の絵本とカセットテープを買ってくれた。そこに英語の歌が入っていて、Twinkle, Twinkle, Little Starと、「キラキラ星」を唄ったものだ。

歌詞は今でも覚えている。くり返し唱ううちに暗記したのだ。子ども心にも、「英語」の歌を唄っていることが何だか誇らしくて、新鮮な喜び、わくわくする興奮があった。

やがて英語の単語と文法を教わり、歌詞の意味がわかるようになると、歌は詩であり、人間の生き生きとした感情と感動、それぞれの国の風習が描かれていることに気づいた。そこからマザーグース、諸外国の文化、歴史にも興味をもつようになった。

私は小説執筆の他に、『赤毛のアン』シリーズの訳註付き全文訳を手がけている。幼い頃に、歌という楽しい形で、自然に英語に親しませてくれた親に、感謝している。

大人になった今は、ゴスペルのコーラスに入り、毎週、英語の賛美歌を唄っている。英語を話すには、発音、リズム、イントネーション、単語のアクセントが大切だ。英語の歌を唄うことで、この四つが身につくことを実感している。また大きな声で唄うと、よく通る声、人前でも物おじしない積極的な精神も身につけることができる。

そもそも、歌を唄うことが楽しいのだ。ぜひお父さん、お母さんも一緒に、家族で声をあわせて、楽しく唄って頂きたい。それはすばらしい子ども時代をすごすことであり、さらにお子さんが大人になった時、幸せな家族の思い出として、いつまでも温かく胸に残るだろう。

松本侑子
作家・翻訳家／日本ペンクラブ常務理事。訳書に、日本初の全文訳『赤毛のアン』（集英社文庫）、著書に、『英語で楽しむ赤毛のアン』（CD付・ジャパンタイムズ）など多数。

小さな頃に覚えた歌は、一生の宝になる
髙田万由子

娘がまだ小さい頃、どうしても英語を習得させたくて、ビデオやCDを色々買って、どこへ行くにも英語を聞かせていたような気がします。その中でも娘が気に入ったのは、英語の歌のCDでした。歌詞カードを見る訳でもなく、耳から聞いたその言葉を口から何気なく発するようになった娘に、私は更に色々な英語の歌を聞かせました。

口のまわりの筋肉は発音するかしないかによって、発達度が変わって来るそうです。ですから英語と言っても、日本人、中国人、インド人、フランス人、イタリア人、それぞれなまりがあります。それは、自国語で使う筋肉と、あとから習得した外国語を使う為の筋肉の使い方が違うからなのです。そのことで自国語のなまりが出ると言われています。

子育てをしながら、人間は最初に覚えたものが定着しやすいと感じることが多く、反対に一度覚えたものは訂正しにくいと感じています。子供のうちは、口のまわりの筋肉も形成されきっていないので、いくらでも吸収されます。そのときに、ネイティブな英語を身につける絶好の機会を奪ってはいけないのではないかと感じています。

誰に言葉を習うかによって、その子供の脳に定着する発音は変わってきます。英語に限らず、輝かしい未来を担う子供達にはたくさんの言葉を母国語のように話せるようになってもらいたいと思います。その第一歩は、やっぱり歌です。小さい頃に覚えたものは、一生の宝になります。娘も時々、昔覚えた歌を懐かしそうに歌います。そんな時、私もつい一緒に口ずさんでしまうのです。英語の歌を覚えながら、親子で素敵な時間をお過ごしください。

髙田万由子
東京大学在学中に「週刊朝ヨ」の女子大生シリーズの表紙でデビュー後、テレビ、舞台、映画等で活躍。絵本の翻訳も手がける。現在は日本とイギリスを往復する生活。

もくじ

茂木健一郎　世界への扉を、英語の歌が開く………2
松本侑子　英語の歌を唱う楽しさ………4
髙田万由子　小さな頃に覚えた歌は、一生の宝になる………5

CD1　世界への好奇心が芽生える英語のうた名曲集

CD1-1 Tomorrow／トゥモロー………10
作詞：M. チャーニン　作曲：C. ストラウス

CD1-2 Ob-La-Di, Ob-La-Da／オブラディ・オブラダ………12
作詞・作曲：J. レノン、P. マッカートニー

CD1-3 Do Re Mi／ドレミのうた………14
作詞：O. ハマースタイン2世　作曲：R. ロジャース

CD1-4 The Lion Sleeps Tonight／ライオンは寝ている………16
作詞・作曲：S. リンダ、H. ペレッティ、L. クレアトーレ、G.D. ワイス

CD1-5 Humpty Dumpty／ハンプティ・ダンプティ………18
マザーグース

CD1-6 Edelweiss／エーデルワイス………19
作詞：O. ハマースタイン2世　作曲：R. ロジャース　19

CD1-7 Over the Rainbow／虹のかなたに………20
作詞：Y. ハーバーグ　作曲：H. アーレン

CD1-8 Puff, the Magic Dragon／パフ、ふしぎなりゅう………22
作詞・作曲：P. ヤーロウ、L. リプトン

CD1-9 Twinkle, Twinkle, Little Star／きらきら星………24
フランス民謡　作詞：J. テイラー

CD1-10 My Favorite Things／私のお気に入り………26
作詞：O. ハマースタイン2世　作曲：R. ロジャース

CD1-11 Singin' in the Rain／雨に唄えば………28
作詞：A. フリード　作曲：N.H. ブラウン

CD1-12 Take Me Home, Country Roads／カントリーロード………30
作詞・作曲：J. デンバー、B. ダノフ、T. ニバート

CD1-13 Grandfather's Clock／大きな古時計………31
作詞・作曲：H.C. ワーク

CD1-14 **We Are the World** ／ウィー・アー・ザ・ワールド………32
作詞・作曲：M. ジャクソン＆L. リッチー

CD1-15 **We Wish You a Merry Christmas** ／おめでとうクリスマス………33
イギリスのキャロル

CD1-16 **Silent Night** ／きよしこの夜………34
作詞：J. モール　作曲：F. グルーバー

CD2 親子で一緒に楽しく歌おう
英語のうた名曲集

CD2-1 **Little Peter Rabbit** ／小さなピーターラビット………36
英語のあそびうた

CD2-2 **Who's Afraid of the Big Bad Wolf?** ／おおかみなんかこわくない………37
英語のあそびうた

CD2-3 **Today Is Monday** ／月ようびはなにたべる？………38
英語のあそびうた

CD2-4 **Old MacDonald Had a Farm** ／ゆかいなまきば………40
アメリカ民謡

CD2-5 **Under the Spreading Chestnut Tree** ／大きなくりの木の下で………42
英語のあそびうた

CD2-6 **Row, Row, Row Your Boat** ／こげこげボート………43
英語のあそびうた

CD2-7 **Mary Had a Little Lamb** ／メリーさんのひつじ………44
アメリカ民謡

CD2-8 **London Bridge** ／ロンドンばし………45
英語のあそびうた

CD2-9 **Yankee Doodle** ／ヤンキー・ドゥードゥル………46
アメリカ民謡

CD2-10 **Goin' to the Zoo** ／動物園へ行こう………48
作詞・作曲：T. パクストン

CD2-11 **The Bear** ／もりのくまさん………50
英語のあそびうた

CD2-12 **The Wheels on the Bus** ／バスのうた………52
英語のあそびうた

CD	曲名	和題	ページ
CD2-13	**I've Been Working on the Railroad** / 線路はつづくよどこまでも		54
	アメリカ民謡		
CD2-14	**Everyone Is Special** / エブリワン・イズ・スペシャル		55
	作詞・作曲：P.A. パーカー		
CD2-15	**The Alphabet** / アルファベットのうた		56
	英語のあそびうた		
CD2-16	**BINGO** / ビンゴ		58
	英語のあそびうた		
CD2-17	**Hello, Hello, What's Your Name?** / こんにちは、おなまえは？		59
	英語のあそびうた		
CD2-18	**How Do You Do?** / はじめまして		60
	作詞・作曲：E.D. バーモン		
CD2-19	**Good Morning to You** / おはよう		61
	英語のあそびうた		
CD2-20	**Hello Song** / こんにちは		62
	英語のあそびうた		
CD2-21	**Sunday, Monday, Tuesday** / 日ようび、月ようび、火ようび		63
	英語のあそびうた		
CD2-22	**Seven Steps** / セブン・ステップス		64
	英語のあそびうた		
CD2-23	**Ten Little Indians** / 10人のインディアン		65
	英語のあそびうた		
CD2-24	**Head, Shoulders, Knees and Toes** / あたま かた ひざ つまさき		66
	英語のあそびうた		
CD2-25	**Hokey Pokey** / ホウキー・ポウキー		67
	英語のあそびうた		
CD2-26	**Let Us Clap Our Hands, Okay** / 手をたたきましょう		68
	英語のあそびうた		
CD2-27	**If You're Happy and You Know It** / 幸せなら手をたたこう		69
	英語のあそびうた		
CD2-28	**The Finger Family** / ゆびのうた		70
	英語のあそびうた		
CD2-29	**Happy Birthday to You** / おたんじょうびのうた		71
	作詞・作曲：P. ヒル ＆M. ヒル		

 CD1

世界への好奇心が芽生える英語のうた名曲集

さあ、楽しいうたの時間のはじまりだよ！
ここに集めたのはぜんぶ英語のうた。
英語のうたは、きみと世界をつないでくれるよ。
きみはどのうたが好きかな？
お気に入りの一曲を見つけてみてね。

🔊 CD1-1 トゥモロー

Tomorrow
トマァロオゥ

知ってた？　今日は明日に
ぜったいに追いつけないんだって。
だから明日になってなにが起こるかは、
だれにもわからないんだって。
たとえ大統領にもね。
だったら明日を楽しみにしたっていいじゃない？
楽しみに、待っていようよ。
太陽がのぼったら、
最高のえがおを見せてあげようよ。

明日
tomorrow
トマァロオゥ

歯をみせてわらう
grin
グリィン

CD1-2 オブラディ・オブラダ

Ob-La-Di, Ob-La-Da

オブ ラァーディ　オブ ラァーダァー

デズモンドとモリーが出会ったのは、
ある晴れた日のいちばでした。
オブラディ・オブラダ
いっしょにうたおう。
ハッピーないちばで、いっしょにうたおうよ。
そうして人生はつづいていくよ。

いちば
market
マァーケト

🔊 CD1-3　ドレミのうた

Do Re Mi

ドゥ レェイ ミィー

音は目には見えないけれど、
音にもなまえがあるんだよ。
最初におぼえるなまえはド レ ミ！
ドレミの次は　ドレミファソラシド！
順番にうたうだけで、
ほら、もう音楽になっているよ。

レ／金色のおひさまの光
Re=ray
レェイ

Ray

ド／おかあさん鹿
Do=doe
ドゥ

Doe

ミ／じぶんを呼ぶなまえ
Mi=me
ミィー

Me

14

CD1-4 ライオンは寝ている

The Lion Sleeps Tonight

ざ ラァィアン スリィープス トナァーィト

むら
village
ヴィリヂィ

ジャングル
jungle
ヂャングル

ここはジャングル。
とっても静かなジャングルの夜。
王さまライオンが眠っているよ。
眠りながらむらを守ってくれているんだよ。

しー静かに。　怖がらないで。
王さまライオンが、眠っているよ。

眠る
sleep
スリィープ

ライオン
lion
ラァイアン

CD1-5 ハンプティ・ダンプティ

Humpty Dumpty

ハァンプティ ダァンプティ

ハンプティ・ダンプティは塀の上に座っていた。
ハンプティ・ダンプティは塀から落っこちてしまった！
どうなったの!?
王さまのうまやけらいがなんとかしようとしたけれど、
もとにはもどらなかったんだって。

へい
wall
ウウォール

王さまのけらい
king's man
キイングズ マァン

王さまのうま
king's horse
キイングズ フォース

CD1-6　エーデルワイス

Edelweiss

エィデルゥワァイス

エーデルワイスに会ったことはありますか。
小さくてまっ白で
清らかな明るい顔の、あの子だよ。
ぼくを見ると、幸せそうにほほえんでくれる。
エーデルワイスは、ぼくのともだち。

エーデルワイス
edelweiss
エィデルゥワァイス

CD1-7 　虹のかなたに

Over the Rainbow
オゥヴァ　ざ　ゥレェインボォウ

小さいころ、子もりうたできいたよ。
虹のむこうのどこかに、青い空があるって。
そこでは叶えたい夢がほんとうになるって。
虹のむこうのどこかに、青い鳥が飛んでいるの。
小さな鳥が虹をこえていけるなら、
ぼくにもきっと、できるはずだよ。

虹
rainbow
ゥレェインボォウ

CD1-8 パフ、ふしぎなりゅう

Puff, the Magic Dragon

パァフ　ざ　マァヂィク　ドゥラァゴン

うみ
sea
スィー

おうじ
王子さま
prince
プリィンス

おうさま
王さま
king
キィング

ボート
boat
ボォウト

ふしぎなドラゴンのパフは、
うみのそばの「ホノリー」という国に住んでいました。
ジャッキー・ペーパーは、
いたずら好きのパフが大好きでした。

ふたりはいっしょに旅にでることにしました。
ジャッキーはパフのしっぽにのって、みはり役です。
ボートにのってふたりが行くと、
王さまや王子さまはきまってお辞儀をしました。
ふたりは、大のなかよしでした。

CD1-9　きらきら星

Twinkle, Twinkle, Little Star
トゥインクル　トゥインクル　リィトル　スタァー

トゥインクル、トゥインクル！
きらきら、きらきら。
おほしさまが光っているよ。
ダイヤモンドみたいに光っているよ。
きらきら、きらきら。
窓のそとからのぞいている、
輝くあなたは、だあれ？

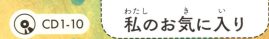

CD1-10 　私のお気に入り

My Favorite Things
マァイ フェィヴレェト すィングズ

てぶくろ
mittens
ミィトンズ

かみのつつみ
package
パァキィヂィ

あめのしずく
raindrops
ゥレィンドロォプス

バラについた雨のしずく、
子ねこのおひげ、
ピカピカにみがいた銅のやかん、
あったかいウールの手ぶくろ、
リボンで結んだ紙のつつみ。
これはみんな、わたしのお気に入り。

悲しくなったとき、
お気に入りのものたちを思いだすの。

そうすればほら。つらくなくなる。

やかん
kettle
ケトル

ひげ
whiskers
ウィスカアズ

雨に唄えば

Singin' in the Rain
スィンギィング イン ざ ゥレェイン

雨！ 雨！ 雨！
ぼくは雨のなかでうたうよ！
あぁなんて気もちがいいんだろう。
空が暗くたって、ぼくの心のなかには太陽がある。
雲にわらいかけるんだ。
さぁ、雨をふらせておくれ！
ぼくはわらって道を行くよ。
雨のなか、うたって踊って行くよ。

CD1-12 　カントリーロード

Take Me Home, Country Roads

テェイク　ミィ　ホォウム　カァンチュリィ　ゥロォウズ

ふるさとへつづくみちよ
連れていっておくれ。
ぼくの育った場所へ。
あの山々や川のある場所へ。
大好きなウェストヴァージニアへ。

山々
Mountains
マゥンテンズ

川
river
ゥリィヴァー

みち
road
ゥロォウド

CD1-13 　大きな古時計

Grandfather's Clock

グラァンドファーざァズ　クロォク

その時計はおじいさんのたからものだった。
おじいさんが生まれてから90年間ずっと、
チクタクチクタク　時を刻みつづけた。
おじいさんが亡くなったとき、
時計はとつぜん止まった。
そして二度と動かなかった。

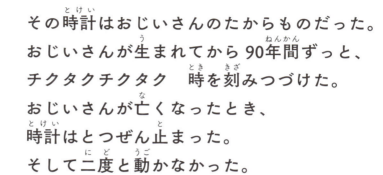

時計
clock
クロォク

おじいさん
grandfather
グラァンドファーざァ

31

CD1-14 ウィー・アー・ザ・ワールド

We Are the World
ウィ アー ざ ゥワァールド

世界
world
ゥワァールド

「世界」ってなんだろう。
遠いどこかのこと？　知らないだれかのこと？
ちがう。世界とは、ぼくたちなんだ。
世界を作っていくのは、ぼくたちなんだ。

おめでとうクリスマス

We Wish You a Merry Christmas

ウィ ウィシュ ユゥ ア メェリ クリィスマァス

クリスマスおめでとう
We wish you a Merry Christmas
ウィ ウィシュ ユゥ ア
メェリ クリィスマァス

新年(しんねん)おめでとう
A Happy New Year
ア ハァピィ ニゥー イァー

クリスマスおめでとう。
新年(しんねん)おめでとう。
わたしたちはあなたに
うれしいお知(し)らせを
もってきたのですよ。
クリスマスおめでとう!
新年(しんねん)おめでとう!

CD1-16　きよしこの夜

Silent Night
サァイレェント ナァイト

夜
night
ナァイト

聖母
Virgin Mother
ヴァーヂン マァザァ

静かな夜、聖なる夜には
　すべてのものが静まり、輝きます。
聖なる幼子は、聖母の腕のなかで、
　やさしくおだやかに眠ります。
天国のような平和のなかで、
　やすらかに眠っているのです。

 **CD2**

親子で一緒に楽しく歌おう英語のうた名曲集

CD2では、むかしむかしに英語でうたわれて、その後もずーっとうたいつがれてきたうたがいっぱい出てくるよ。
ママやパパ、おじいちゃんおばあちゃんともいっしょにうたってみよう。

CD2-1 　小さな(ちい)ピーターラビット

Little Peter Rabbit
リィトル ピィータァ ゥラァビト

ハエ
fly
フラァイ

みみ
ear
イアー

うさぎ
rabbit
ゥラァビト

うさぎのピーターのみみに、
ハエがとまったよ！
ピーターがはたくとハエは飛(と)んでいったよ。
でもハエはこりずにいろんなところに
とまってくる。
パシっとたたいておいはらおう！

36

おおかみなんかこわくない

Who's Afraid of the Big Bad Wolf

フゥーズ アフレェイド オヴ ざ ビィグ バァド ウルフ

おおかみ
wolf
ウルフ

大きくていじわるなオオカミがいたって、
こわくないよ。
こわくないったらこわくないんだから！

何回もそう言っていたら、
ほんとうにこわくなくなってきた。

CD2-3 月ようびはなにたべる？

Today Is Monday

トゥデェイ イズ マァンデェイ

月ようびはさやいんげん　火ようびはスパゲッティ
水ようびはズーーーープ　木ようびはローストビーフ
金ようびはしんせんなお魚　土ようびはチキン
日ようびはアイスクリーム！

腹ぺこのこどもたち、みんなおいで。たいらげよう！

ズーーーープ
ZOOOOP
ズゥープ

スパゲッティ
spaghetti
スパゲェティ

水ようび
Wednesday
ウワェインズデェイ

火ようび
Tuesday
チゥーズデェイ

月ようび
Monday
マァンデェイ

さやいんげん
string beans
スチュリィング　ビィーンズ

38

Old MacDonald Had a Farm

ゆかいなまきば

CD2-4

オゥルド マァクダァナルド ハァダァ ファーム

ここはマクドナルドじいさんのまきば。
ひよこがチクチク鳴いている。あっちでもこっちでもチクチク。
あひるがクワックワッ鳴いている。あっちでもこっちでもクワックワッ。
ぶたがフォインフォイン。うしがムームー。
マクドナルドじいさんのまきばはとってもにぎやか！

ひよこ
chick
チィク

ぶた
pig
ピィグ

大きなくりの木の下で
Under the Spreading Chestnut Tree
アンダァ ざ スプレェディン チェスナァト トゥリィー

くり
chestnut
チェスナァト

木
tree
トゥリィー

あなた
you
ユゥ

わたし
me
ミィ

大きなくりの木の下で
きみとぼくといっしょにすわるよ。
あぁ楽しいな。うれしいな。
大きなくりの木の下で。

Row, Row, Row Your Boat

ウロオウ ウロオウ ウロオウ ユア ボオウト

こげこげボート
CD2-6

ボートをこいで、こいで、こいでゆこう。
ゆっくり川(かわ)をくだってゆこう。
きらくに、きらくに、きらくに、きらくに。
人生(じんせい)は夢(ゆめ)なのだから。

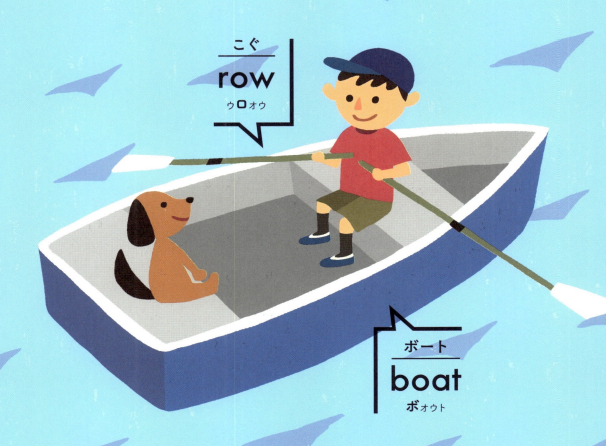

こぐ
row
ウロオウ

ボート
boat
ボオウト

43

CD2-7 メリーさんのひつじ

Mary Had a Little Lamb

メェリィ ハアド ア リィトゥル ラァム

メリーちゃんは子ひつじを飼っていた。
雪のようにまっ白なひつじだよ。
子ひつじはメリーちゃんが大好きだったから、
どこにでもついてきた。
学校にまでついてきた。

学校
school
スクゥール

こどもたち
children
チィルドゥレン

子ひつじ
lamb
ラァム

CD2-8 ロンドンばし

London Bridge
ロォンドゥン ブリィヂィ

はし
bridge
ブリィヂィ

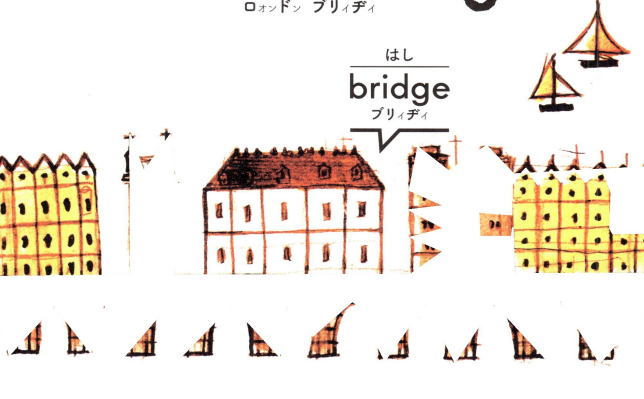

お嬢さん
lady
レェィディ

むかしむかし、ロンドンばしが落っこちて、
人がぎせいになったんだって。
それから事故がおきないように、
すてきなお嬢さんが見まもってくれて
いるんだって。

CD2-9 ヤンキー・ドゥードゥル

Yankee Doodle

ヤァンキィ ドゥードゥル

ヤンキー・ドゥードゥルはポニーにのって町へ行った。
ぼうしに羽かざりをつけておしゃれをして。
町ではみんなマカロニを食べながらニヤニヤしてる。

ヤンキー・ドゥードゥルがんばって！
ヤンキー・ドゥードゥルかっこいい！
音楽にあわせてステップをふめば
女のこだってイチコロさ！

ポニー
pony
ポォニィ

CD2-10 　動物園へ行こう

Goin' to the Zoo
ゴォウイング トゥ ざ ズゥー

動物園
zoo
ズゥー

ぞう
elephant
エレファント

明日はパパが動物園につれてってくれるんだ。
動物園だよ、動物園！
1日中いてもいいんだって。

ぞうに　さるに　オットセイも見られるかな。
動物園に1日中いていいんだって！

もりのくまさん

The Bear
ざ ベア

ある日わたしはくまと出くわした。
とっても大きなくまに！
くまはわたしを見て、わたしはくまを見た。
くまはわたしの様子をうかがって、わたしもくまの様子をうかがった。

わたしはいちもくさんに走って逃げた！
そうしたら目の前に大きな木があった。
いちばん低い枝でも3メートル。運にまかせてジャンプをした！

meet
ミィート

I've Been Working on the Railroad

線路はつづくよどこまでも

アィヴ ビィーン ゥワーキィング オン ざ ゥレェイルロォウド

railroad — 線路
ゥレェイルロォウド

おれは線路の上ではたらいている。
1日中、はたらいている。
朝からキャプテンがさけぶんだ。
「ダイナ、汽笛をふけ！
ダイナ、汽笛をふけ！」ってね。

Everyone Is Special

エヴリュワン イズ スペシャル

きみと同じ人って、いると思う？
世界中どこをさがしても、
きみと同じ人はいないんだ。
きみはとくべつ。きみはひとりしかいない。
みんながそれぞれ。みんながとくべつ。

きみはとくべつ
You are special.
ユゥ ア スペェシャル

きみはひとりしかいない
You are the only one.
ユゥ ア じ オゥンリィ ゥワァン

みんながとくべつ
Everyone is special.
エヴリュワン イズ スペェシャル

CD2-15 アルファベットのうた

The Alphabet
じ ア ルファベエト

絵のなかの文字をかぞえてみて！
AからZまで、全部で26個、あるでしょう？
英語の言葉はぜーんぶ、この26の文字からできているよ。
きみのなまえは、どの文字かな？

CD2-17　こんにちは、おなまえは？

Hello, Hello, What's Your Name?

ハァロオウ　ハァロオウ　ゥワァッ　ユァ　ネェイム

はじめて会った子とともだちになるには、どうしたらいい？
かんたんだよ！「おなまえは？」ってきくんだよ。
きかれたら、教えてあげよう、あなたのおなまえ。

おなまえは？
What's your name?
ゥワァチュア　ネェイム

わたしのなまえは○○です
My name is ○○.
マァイ　ネェイム　イズ

こんにちは
Hello.
ハァロオウ

> CD2-18 　はじめまして

How Do You Do?
ハァウ　ドゥー　ユゥ　ドゥー

このうたではふたつの文を
くりかえしているよ。
「はじめまして」
「きみに会えてうれしいな」
はじめて会った子に、言ってみよう。

はじめまして
How do you do?
ハァウ　ドゥー　ユゥ　ドゥー

きみに会えてうれしい
I'm very pleased to meet you.
アィム　ヴェリ　プリィーズド
トゥ　ミィーチュ

CD2-19 おはよう

Good Morning to You
グッド モォーニィング トゥ ユゥ

おひさまが顔をだしたら、
もう朝だよ。
おはよう　おはよう
おはようございます。
今日もよろしくね。

おはよう
Good morning.
グッド モォーニィング

CD2-20 こんにちは

Hello Song
ハァロオゥ ソオング

少年がともだちにききました。
「こんにちは！ げんき？」

ともだちはこたえました。
「げんきだよ。きみもげんきだといいな」

こんにちは
Hello.
ハァロオゥ

げんき？
How are you?
ハァウ アー ユゥ

ぼくはげんきだよ
I'm fine.
アィム ファイン

きみもげんき？
I hope that you are, too.
アィ ホオゥプ ザアト ユゥ アー トゥー

Sunday, Monday, Tuesday

日ようび、月ようび、火ようび

サァンデェイ　マァンデェイ　チューズデェイ

木ようび
Thursday
サァーズデェイ

水ようび
Wednesday
ゥウェンズデェイ

金ようび
Friday
フラァイデェイ

土ようび
Saturday
スァタァデェイ

月ようび
Monday
マァンデェイ

火ようび
Tuesday
チューズデェイ

日ようび
Sunday
サァンデェイ

日　月　火　水　木　金　土
この順番は、ずっとおなじ。
日ようびのつぎはかならず月ようび。
金ようびのつぎはかならず土ようび。
そして、土ようびのつぎは、
また日ようびからはじまるよ。

セブン・ステップス

Seven Steps

セェヴン ステェプス

いち
one
ゥワァン

「1 2 3 4 5 6 7」の
うたをうたおう！

1 2 3 4 5 6 7
1 2 3 4 5 6 7
1 2 3　1 2 3
1 2 3 4 5 6 7

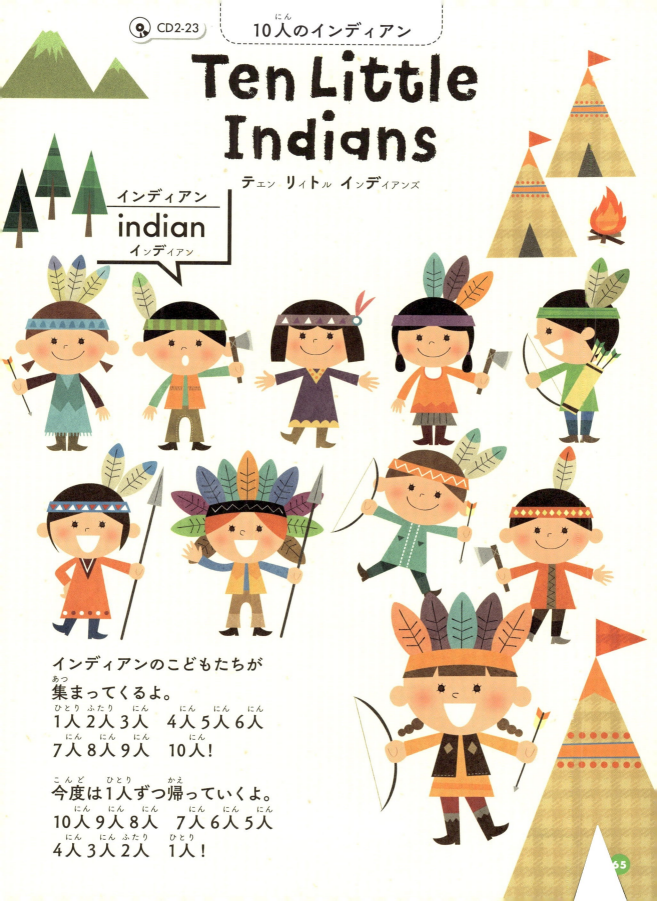

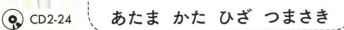

CD2-24 　あたま かた ひざ つまさき

Head, Shoulders, Knees and Toes

ヘェド シォウルダァズ ニィーズ アンド トォウズ

あたま head ヘェド

め eyes アィズ

みみ ears イァーズ

くち mouth マァゥす

はな nose ノォゥズ

かた shoulders シォゥルダァズ

ひざ knees ニィーズ

つまさき toes トォゥズ

さあ、この曲では体をうごかしてあそぼう！
あたま、かた、ひざ、つまさき、
ひざ、つまさきの順番にタッチしてね。
次はめ、みみ、くち、はなをタッチするよ！
だんだんはやくなるよ！

CD2-25 ホウキー・ポウキー

Hokey Pokey

ホォゥキィ ポォゥキィ

もう1曲、体をうごかしてあそぼう！
まずはみぎ足。出して引っこめてまた出して、
ぶらぶらしたら、その場でぐるっとひとまわりするよ。
ひだり足、みぎ手、ひだり手、おしり、あたまもやってみてね。

みぎ足を内がわに
put your right foot in
プゥト ユゥア ゥラァイト フゥト イン

みぎ足を外がわに
put your right foot out
プゥト ユゥア ゥラァイト フゥト アゥト

ぶらぶらゆらす
shake
シェィク

ひとまわりする
turn
タァーン

67

CD2-26 　手をたたきましょう

Let Us Clap Our Hands, Okay

レェト アス クラァプ アゥア ハァンズ オゥケェイ

なく
cry
クラァィ

おこる
get angry
ゲェト アングリィ

手をたたこう、クラップ
足ぶみしよう、スタンプ

わらってみよう、ハァハァハァ
おこってみよう、アグアグアグ
ないてみよう、ウィーウィーウィー

あぁおもしろい！

わらう
laugh
ラァフ

CD2-27

幸せなら手をたたこう

If You're Happy and You Know It

イフ ユゥア ハァピィ アンド ユゥ ノォウ イト

もしきみが幸せだと思うなら、
手をたたいてごらん。幸せだと思うなら、
うなずいてごらん、足ぶみしてごらん、わらってごらん。
幸せって気もちを体であらわしてごらん！

手をたたく
clap your hands
クラァプ ユゥア ハアンズ

うなずく
nod your head
ノォド ユゥア ヘェド

足ぶみする
stamp your feet
スタァンプ ユゥア フィート

CD2-28 ゆびのうた

The Finger Family
ざ フィンガァ ファムリ

小さなお手てをみせてちょうだい。
おとうさんゆび、おかあさんゆび
おにいさんゆび、おねえさんゆび
あかちゃんゆび。
5人の家族みたいだね。

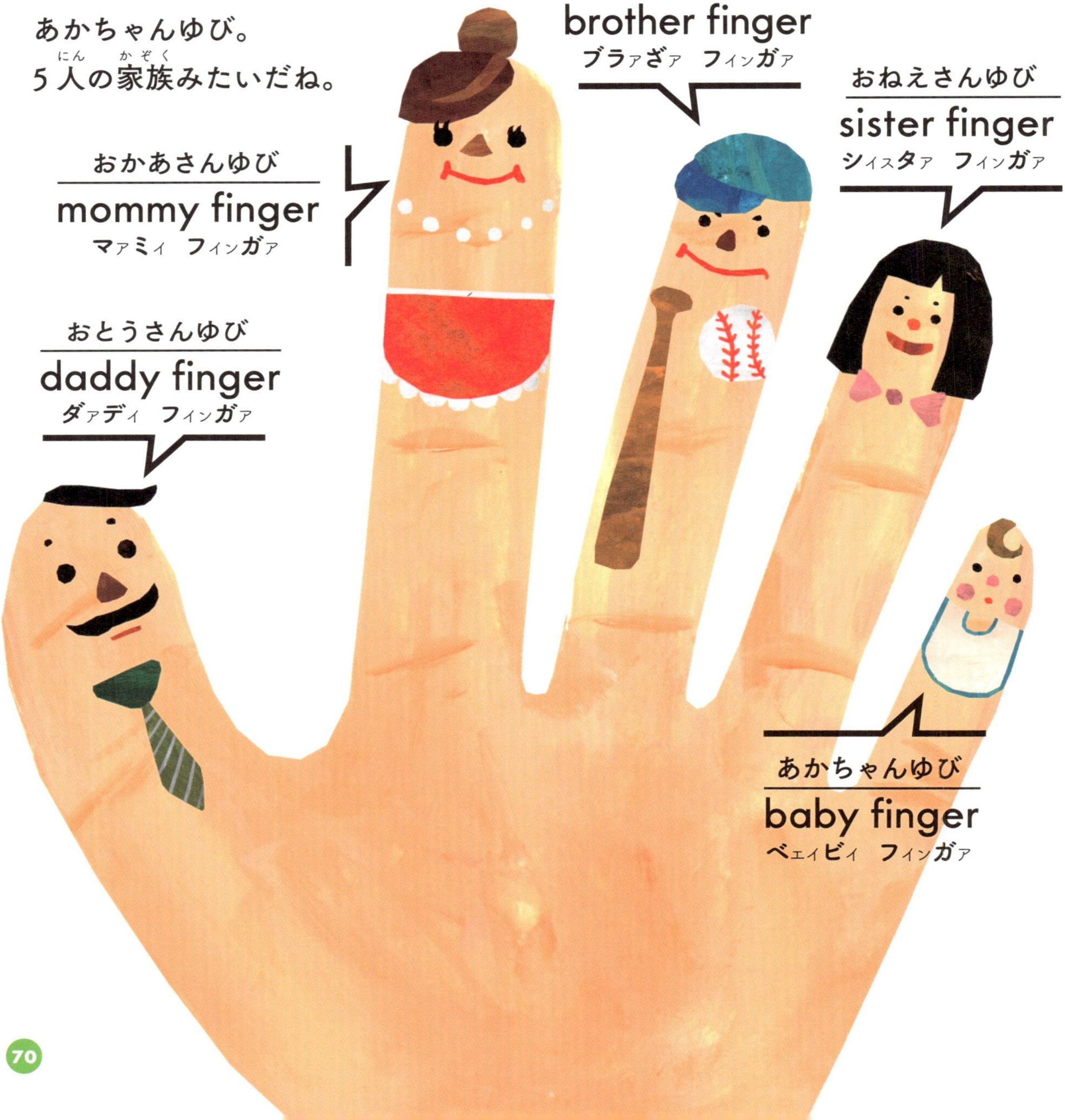

おかあさんゆび
mommy finger
マァミィ フィンガァ

おとうさんゆび
daddy finger
ダァディ フィンガァ

おにいさんゆび
brother finger
ブラァザァ フィンガァ

おねえさんゆび
sister finger
シィスタァ フィンガァ

あかちゃんゆび
baby finger
ベェイビィ フィンガァ

CD2-29　おたんじょうびのうた

Happy Birthday to You

ハァピィ バァすデェイ トゥ ユゥ

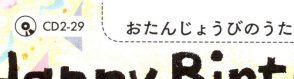

おたんじょうびおめでとう
Happy birthday to you.
ハァピィ バァすデェイ トゥ ユゥ

おたんじょうびは、
あなたが生まれた日。
おたんじょうびは特別な日。
なぜ特別なのかというとね、
あなたが生まれたことが、
とってもうれしいからだよ。

英語監修
村松美映子
（むらまつみえこ）

学習院大学外国語教育研究センター講師。著書に、『声を聴く文化を識る』（桐原書店）、『徹底対策 TOEIC TEST リスニング』（鶴見書店）、『定番・英語の答え方600』、『英検準一級　完全模試』、『映画で覚える英会話シネマ・シナリオシリーズ　E.T.』他2作、『英語で歌おう！ポップス編』他7編（以上アルク）、通信講座に、『TOEIC テスト Get 600 コース』[コスモピア]などがある。

イラストレーション

伊東恵美	Over the Rainbow ／ Mary Had a Little Lamb ／ Yankee Doodle ／ Good Morning to You ／ Head,Shoulders,Knees and Toes
おがわこうへい	Take Me Home,Country Roads ／ Grandfather's Clock ／ London Bridge ／ The Bear ／ I've Been Working on the Railroad
近藤美和	My Favorite Things ／ Singin' in the Rain ／ We Are the World ／ Silent Night ／ Hello Song
スズキトモコ	The Lion Sleeps Tonight ／ Edelweiss ／ Row,Row,Row Your Boat ／ Goin'to the Zoo ／ Seven Steps
せのおしんや	Puff,the Magic Dragon ／ Who's Afraid of the Big Bad Wolf? ／ Under the Spreading Chestnut Tree Everyone Is Special ／ The Finger Family
高藤純子	Ob-La-Di,Ob-La-Da ／ Humpty Dumpty ／ Little Peter Rabbit ／ Old MacDonald Had a Farm ／ BINGO Let Us Clap Our Hands,Okay
とくだみちよ	Tomorrow ／ Twinkle,Twinkle,Little Star ／ We Wish You a Merry Christmas ／ Happy Birthday to You
fukkie.	The Wheels on the Bus ／ The Alphabet ／ Hello,Hello,What's Your Name? ／ Sunday Monday Tuesday ／ Ten Little Indians
まえじまふみえ	Do Re Mi ／ Today Is Monday ／ How Do You Do? ／ Hokey Pokey ／ If You're Happy and You Know it

デザイン
米倉英弘（細山田デザイン事務所）

構成・執筆（P10～P71）
北川由子

音源提供
日本コロムビア株式会社

本書の内容に関するお問い合わせは、書名、発行年月日、該当ページを明記の上、書面、FAX、お問い合わせフォームにて、当社編集部宛にお送りください。電話によるお問い合わせはお受けしておりません。また、本書の範囲を超えるご質問等にもお答えできませんので、あらかじめご了承ください。
　　FAX：03-3831-0902
　　お問い合わせフォーム：https://www.shin-sei.co.jp/np/contact-form3.html

落丁・乱丁のあった場合は、送料当社負担でお取替えいたします。当社営業部宛にお送りください。
本書の複写、複製を希望される場合は、そのつど事前に、出版者著作権管理機構（電話：03-5244-5088、FAX：03-5244-5089、e-mail：info@jcopy.or.jp）の許諾を得てください。
JCOPY ＜出版者著作権管理機構　委託出版物＞

JASRAC 出 1608264-322

CD2枚付　頭のいい子が育つ英語のうた45選

2023年10月25日　発　行

編　者	新星出版社編集部
発行者	富　永　靖　弘
印刷所	株式会社新藤慶昌堂
発行所	東京都台東区台東2丁目24　株式会社新星出版社　〒110-0016　☎03(3831)0743

Ⓒ SHINSEI Publishing Co., Ltd.　　　Printed in Japan

ISBN978-4-405-07231-2

別冊は切り離せます。
お子さんと一緒に、
ぜひ歌ってみてください。

頭のいい子が育つ
英語のうた 45 選
別冊歌詞 BOOK

村松美映子

イラスト／サタケシュンスケ

はじめに

私 の英語との出会いは、英語の歌でした。小さい頃、近所に住むアメリカ人と"Humpty Dumpty"、"London Bridge"、"Head, Shoulders, Knees and Toes"等の曲を一緒に歌ったのを覚えています。当時、英語の歌はかっこいいなぁという印象をもっていました。

歌を通して英語に興味をもち、私の世界は広がっていきました。

それから年月が経ちアメリカとイギリスに留学をしました。オーストラリアにはボランティア活動をしに出かけました。

そして英語を教える仕事につき、毎日学生の皆さんとわくわくした楽しい日々を過ごしています。

皆さんのまわりにも外国から来て、日本語以外のことばを話すお友達がいると思います。国際語である英語を通じて世界中の人とコミュニケーションができることは、とても素敵なことです。

この本にのっている曲はだれもが知っている有名な曲ばかりです。ぜひ、一緒に英語の歌を口ずさんでみてください。きっとあなたが大きくなって外国に行ったときにも、外国に住むお友達と英語の歌を通じて心を通わせることができると思います。

英語の歌を通じて英語にどんどん親しむことは、グローバル化した社会で活躍できる人になるための第一歩になることでしょう。

本を開いて気に入ったイラストのある曲から聞いてもいいですし、CDを初めから流しっぱなしにしても構いません。なにより音とリズムで「歌」を感じることが大切です。どうぞみなさん、リラックスして、気持ちよく英語の歌を楽しみましょう！

村松美映子

英語を歌うときの
ポイント

英語には日本語とは異なる音の特徴があります。ここでは主なものを紹介します。

1. リズム

日本語は、例えば「あした」はA-SHI-TAと発音するように、音の区切りは（子音）+母音で成り立ち、ひとつひとつの音を同じ強さで発音する傾向がありますが、英語は強弱のリズムをもっています。

この本の歌詞のカナ表記では、強い音を大きな文字、弱い音を小さな文字で表しています。例えば、Tomorrowは「トマァロォゥ」と表記しています。特に強調したいのは「マ」と「ロ」で、「マ」に小さく母音の「ァ」（短母音）が続き、「ロ」に小さい母音「ォゥ」（二重母音）が続いています。子音の次に母音を記すことで、「ト」よりも「マ」と「ロ」の音が強く発音されていることを示しています。「ト-マア-ロオウ」と平坦に発音するのではなく「トマァロォゥ」と歌ってみてください。

2. 音が消える

日本語では会話や歌で言いよどむ以外の場面で、音が消えてなくなってしまうことは通常ありませんが、英語では特に語尾の g、d、t 等は消えて聞こえなくなることがあります。例えば、playing、and、can't 等の単語の語尾の音は落ち、「プレィ」「アン」「キャン」というように発音されます。脱落は必ず起こるわけではなく、話者や歌手、そして場面によってさまざまです。

3. 音がつながる

英語では子音で終わる単語のあとに母音で始まる単語が来ると、音がつながる現象が起こることがあります。例えば、melt into は melt の最後の音は子音で、into の最初の音は母音です。音がつながり、「メェルティントゥ」のように歌います。

4. 日本語にはない音

例えば、the の音は歯と歯の間に舌をはさみ、その後舌を内側にひっこめて出す音で、日本語にはありません。このような音はこの本では「ざ」「じ」と平仮名を使って表記しています。

また、world や road の最初の音は、口をすぼめた形から発音する音で、日本語にはありません。この本では発音を手助けする目的で小さい「ゥ」と表記しています。world は「ゥワァールド」、road は、「ゥロォゥド」になります。語中の w や r については、その前後の音の口構えで必要な場合のみ「ゥ」と表記しています。

CD1-1

Tomorrow /トゥモロー
作詞：M.チャーニン　作曲：C.ストラウス　編曲：有澤孝紀
うた：アリサ

★The sun'll come out tomorrow
　ざ　サァンル　カァム　アゥト　トマァロォゥ
Bet your bottom dollar that tomorrow
ベェチュア　ボォトム　ダァラァ　ザァ　トマァロォゥ
There'll be sun
ゼェアル　ビィ　サァーン

Just thinkin' about tomorrow
ヂャス　すィンキィナァバァゥト　トマァロォゥ
Clears away the cobwebs and the sorrow
クリィアゥエィ　ざ　カァブウェブズ　アン　ざ　ソォロォゥ
'Til there's none
ティル　ゼェアズ　ナァン

When I'm stuck with a day that's gray
ゥエン　アィム　スタァク　ウィず　ア　デェィ　ざァッ　グレェィ
And lonely
アンド　ロォゥンリィ
I just stick out my chin and
アィ　ヂャスト　スティカゥト　マァィ　チィーン　アン
grin and say
グリィーン　アン　セェーィ
Oh!
オゥー

The sun'll come out tomorrow
　ざ　サァンル　カァム　アゥト　トマァロォゥ
So you got to hang on 'til tomorrow
ソォゥ　ユゥ　ガァト　トゥ　ハァングオン　ティル　トマァロォゥ
Come what may
カァム　ゥワァト　メェーィ
Tomorrow, Tomorrow
トマァロォゥ　トマァロォゥ
I love ya, Tomorrow
アィ　ラァヴ　ユゥ　トマァロォゥ
You're always a day away
ユア　オールゥエィザァ　デェィ　アゥエィ

★繰り返し

Tomorrow, Tomorrow
トマァロォゥ　トマァロォゥ
I love ya, Tomorrow
アィ　ラァヴ　ユゥ　トマァロォゥ
You're always a day away
ユア　オールゥエィザァ　デェーィ　アーゥエーィ

［対訳］
明日には、お日さまが昇る／絶対に／お日さまが昇る
明日のことを考えるだけで／悩みも悲しみも消える／何もなくなる
暗く孤独な気持ちの日には／あごを上げて／笑って ほらと言うだけ

明日には、お日さまが昇る／だから明日までがんばる／なにがあっても／明日　明日／大好きよ　明日／いつもあなたは一日先にいる
明日　明日／大好きよ　明日／いつもあなたは一日先にいる

 CD1-2

Ob-La-Di, Ob-La-Da
/オブラディ・オブラダ
作詞・作曲：J.レノン、P.マッカートニー　編曲：兼崎順一
うた：アサ・ツジ、ゴードン・デ・グルート

Desmond has a barrow
デェズモンド　ハァズ　ア　バァロォゥ
In the market place
イン　ざ　マァーケット　プレェイス
Molly is the singer in a band
モォリィ　イズ　ざ　スィンガァ　イナァ　バァンド
Desmond says to Molly
デェズモンド　セェズ　トゥ　モォリィ
"Girl I like your face"
グゥーェル　アィ　ラァィキュア　フェィス
And Molly says this as
アン　モォリィ　セェズ　ずィサズ
She takes him by the hand
シィ　テェィクスム　バァィ　ざ　ハァンド

★Ob-La-Di, Ob-La-Da life goes on bra
　オブラァーディ　オブラァーダァー　ラァィフ　ゴォゾン　ブラァー
La-la how the life goes on
ラァーラァー　ハゥ　ざ　ラァィフ　ゴォーゾン
Ob-La-Di, Ob-La-Da life goes on bra
オブラァーディ　オブラァーダァー　ラァィフ　ゴォゾン　ブラァー
La-la how the life goes on
ラァーラァー　ハゥ　ざ　ラァィフ　ゴォーゾン

Desmond takes a trolley
デェズモンド　テェィクサァ　チュロォリィ
To the jeweller's store
トゥ　ざ　ヂューェラァズ　ストォーァ
Buys a twenty carat golden ring
バァィザァ　トゥエンティ　カァラァト　ゴォゥルデェン　ゥリング
Takes it back to Molly waiting at the door
テェィクスィ　バァクト　トゥ　モォリィズ　ウェィティン　アト　ざ　ドォー
And as he gives it to her she begins to sing
アン　アズ　ヒィ　ギィヴズィ　トゥ　ハァ　シィ　ビギィンズ　トゥ　スィン

★繰り返し

In a couple of years
イナァ　カァプル　オヴ　イァーズ
They have built a home sweet home
ゼェィ　ハァヴ　ビィルタァ　ホォゥム　スウィート　ホォゥム
With a couple of kids
ウィざァ　カァプル　オヴ　キィズ
Running in the yard
ゥラァニング　イン　ざ　ヤァード

Of Desmond and Molly Jones
オヴ ディズモンド アン モォリィ ヂォウンズ

Happy ever after in the market place
ハァピィ エヴァ アフタァ イン ざ マァーケト プレェイス
Desmond lets the children lend a hand
ディズモンド レェッツ ざ チィルドゥレン レェンダァ ハァン
Molly stays at home
モォリィ ステェイズ アト ホォウム
And does her pretty face
アン ダズ ハァ プリィティ フェイス
And in the evening
アン イン じ イーヴニィン
She still sings it with the band
シィ スティル スィングズィ ウィず ざ バァンド

★繰り返し

Happy ever after in the market place
ハァピィ エヴァ アフタァ インざ マァーケト プレェイス
Molly lets the children lend a hand
モォリィ レェッツ ざ チィルドゥレン レェンダァ ハァン
Desmond stays at home
ディズモンド ステェイズ アト ホォウム
And does his pretty face
アン ダズ ヒィズ プリィティ フェイス
And in the evening
アン イン じ イヴニィン
She's a singer with the band
シィザァ スィンガァ ウィず ざ バァンド

★繰り返し

Ob-La-Di, Ob-La-Da life goes on bra
オブラァーディ オブラァーダァー ラァイフ ゴォーゾォン ブラァー
La-la how the life goes on
ラァーラァー ハァウ ざ ラァイフ ゴォーゾォン

[大意]
デズモンドは市場で屋台をだしている。モリーはバンドで歌っている。
デズモンドがモリーに話しかけると、モリーは彼の手をとり、答える。
「オブラディ・オブラダ、人生はつづくわ」。
デズモンドはモリーに指輪を贈る。
それからふたりは温かな家庭を作り、子供もできた。
幸せな市場の時間がつづく。デズモンドは市場で店を開き、子供は手伝う。
モリーは家にいて、そして今でもバンドで歌っている。

※楽曲原権利者の意向で、対訳ではなく大意を掲載しています。

CD1-3

Do Re Mi／ドレミのうた

作詞：O.ハマースタイン2世　作曲：R.ロジャース　編曲：青木 望
うた：ダフネ・シェパード、ケント・チルドレンズ・コラール

Let's start at the very beginning
レェッツ スタァート アト ざ ヴェリィ ビィギィニィーン
A very good place to start
ア ヴェリィ グゥド プレェース トゥ スタァート
When you read you begin with A, B, C
ゥエン ユウ リィードゥ ビィギィン ウィず エィ ビィー スィー
When you sing you begin with Do, Re, Mi
ゥエン ユウ スィング ユウ ビィギィン ウィず ドゥ レィ ミィー
Do Re Mi? Do Re Mi
ドゥウ レェイ ミィー ドゥウ レェイ ミィー
The first three notes just happen to be
ざ ファースト すリィー ノォウツ ヂャス ハァプン トゥ ビィー
Do Re Mi, Do Re Mi Fa So La Ti
ドゥウ レェイ ミィー ドゥウ レェイ ミィー ファー ソォウ ラァー ティー

★ Do(Doe), a deer, a female deer
　ドゥウ　　ア ディア ア フィーメェイル ディアー
Re (Ray), a drop of golden sun
レェイ　　ア ドロォブ オヴ ゴォウルデェン サァーン
Mi (Me), a name, I call myself
ミィー　　ア ネェイム アイ コォール マァイセェールフ
Fa (Far), a long, long way to run
ファー　　ア ロォング ロォング ウェイ トゥ ラァーン
So (Sew), a needle pulling thread
ソォウ　　ア ニィードル プリィン すレェード
La (La), a note to follow So (Sew)
ラァー　　ア ノォウト トゥ ファロォウ ソォウ
Ti (Tea), a drink with jam and bread
ティー　　ア ドゥリィンク ウィず ヂャム アン ブレェード
That will bring us back to Do
ざッ ウイル ブリィン アス バァクト トゥ ドゥウ
(Oh, Oh, Oh)
　オゥ オゥ オゥ

★繰り返し

Do Re Mi Fa So La Ti Do
ドゥ レェィ ミィー ファー ソォゥ ラァー ティー ドゥ
Do Ti La So Fa Mi Re
ドゥ ティー ラァー ソォゥ ファー ミィー レェィ
Do Mi Mi, Mi So So
ドゥ ミィー ミィー ミィー ソォゥ ソォゥ
Re Fa Fa, La Ti Ti
レェィ ファー ファー ラァー ティー ティー
Do Mi Mi, Mi So So
ドゥ ミィー ミィー ミィー ソォゥ ソォゥ
Re Fa Fa, La Ti Ti
レェィ ファー ファー ラァー ティー ティー
Do Mi Mi, Mi So So
ドゥ ミィー ミィー ミィー ソォゥ ソォゥ
Re Fa Fa, La Ti Ti
レェィ ファー ファー ラァー ティー ティー
Do Mi Mi, Mi So So
ドゥ ミィー ミィー ミィー ソォゥ ソォゥ
Re Fa Fa, La Ti Ti
レェィ ファー ファー ラァー ティー ティー
Do-, Re-, Do-
ドゥ レェィ ドゥ

★繰り返し

That will bring us back to Do, So, Do!
ざァッ ウイル ブリィン アス バァク トゥ ドゥ ソォゥ ドゥ

[対訳]
本当の最初から始めましょう／そうするのがとてもよいのです／なにか読むなら、ABCから始めましょう／歌を歌うなら、ドレミから始めましょう／ドレミ？ ドレミ／最初の3つの音符は偶然です／ドレミ ドレミファソラティ

ドは、鹿 メスの鹿／レは、金色の太陽の光／ミは、名前 自分を呼ぶ／ファは、どこまでも走り続ける道／ソは、糸を通す針／ラは、ソの次の音／ティは、ジャムやパンにそえる飲み物／そうしてドに戻るのよ／（ほら ほら ほら）

ドレミファソラティド／ドティラソファミレ／ドミミミソソ／レファファファティティ／ドミミミソソ／レファファファティティ／ドミミミソソ／レファファファティティ／ドミミミソソ／レファファファティティ／ドレド

そうしてドソドに戻るのよ

 CD1-4

The Lion Sleeps Tonight
／ライオンは寝ている
作詞・作曲：S.リンダ、H.ペレッティ、L.クレアトーレ、
G.D.ワイス 編曲：淡海悟郎
うた：ジェフ・マニング、クロイ・マリー・マクナマラ

Wee, ooh, wim, o, weh
ウィー ウー ウィム オゥ ウェ
Wee, ooh, wim, o, weh
ウィー ウー ウィム オゥ ウェ
In the jungle, the mighty jungle
イン ざ ヂャングル ざ マァィティ ヂャングル
The lion sleeps tonight
ざ ラァーィアン スリィープス トゥナァーィト
In the jungle, the quiet jungle
イン ざ ヂャングル ざ クゥワァィエト ヂャングル
The lion sleeps tonight
ざ ラァーィアン スリィープス トゥナァーィト

Wee, ooh, wim, o, weh
ウィー ウー ウィム オゥ ウェ
Near the village, the peaceful village
ニィア ざ ヴィリヂィ ざ ピィースフル ヴィリヂィ
The lion sleeps tonight
ざ ラァーィアン スリィープス トゥナァーィト
Near the village, the quiet village
ニィア ざ ヴィリヂィ ざ クゥワァィエト ヴィリヂィ
The lion sleeps tonight
ざ ラァーィアン スリィープス トゥナァーィト

Wee, ooh, wim, o, weh
ウィー ウー ウィム オゥ ウェ
Hush my darling, don't fear, my darling
ハァシィ マァィ ダァーリィン ドゥ フィア マァィ ダァーリィン
The lion sleeps tonight
ざ ラァーィアン スリィープス トゥナァーィト
Hush my darling, don't fear, my darling
ハァシィ マァィ ダァーリィン ドゥ フィア マァィ ダァーリィン
The lion sleeps tonight
ざ ラァーィアン スリィープス トゥナァーィト

Wee, ooh, wim, o, weh
ウィー ウー ウィム オゥ ウェ
Wee, ooh, wim, o, weh
ウィー ウー ウィム オゥ ウェ

［対訳］
ウィー ウー ウィム オウ ウェ／ウィー ウー ウィム オウ ウェ／ジャングルで 大きなジャングルで／今夜 ライオンが寝ている／ジャングルで 静かなジャングルで／今夜 ライオンが寝ている

ウィー ウー ウィム オウ ウェ／村の近く 平和な村の近くで／今夜 ライオンが寝ている／村の近く 静かな村の近くで／今夜 ライオンが寝ている

ウィー ウー ウィム オウ ウェ／静かに あなた 怖がらないで あなた／今夜 ライオンが寝ている／静かに あなた 怖がらないで あなた／今夜 ライオンが寝ている

ウィー ウー ウィム オウ ウェ／ウィー ウー ウィム オウ ウェ

CD1-5

Humpty Dumpty ／ハンプティ・ダンプティ

マザーグース　編曲：青木 望
うた：クロイ・マリー・マクナマラ

★ Humpty Dumpty sat on a wall,
　ハァンプティ　ダァンプティ　サァト　オナァ　ゥウォール
Humpty Dumpty had a great fall;
　ハァンプティ　ダァンプティ　ハァダァ　グレェイト　フォール
All the King's horses and
　オール　ざ　キィングズ　フォースィス　アン
all the King's men
　オール　ざ　キィングズ　メェン
Couldn't put Humpty together again.
　クゥドント　プゥ　ハァンプティ　トギァざァ　アゲェイン

★繰り返し

［対訳］
ハンプティ・ダンプティは、塀の上に座っていた
ハンプティ・ダンプティは、まっさかさまに落っこちた
王様の馬と王様の家来みんなでやっても
ハンプティ・ダンプティをもとにもどせなかった

CD1-6

Edelweiss ／エーデルワイス

作詞：O.ハマースタイン2世　作曲：R.ロジャース　編曲：佐藤泰将
うた：キャロル

★ Edelweiss, Edelweiss
　エーィデルゥワァーイス　エーィデルゥワァーイス
Every morning you greet me
　エーヴリィ　モーニング　ユゥ　グリィート　ミィー
Small and white
　スモォール　アン　ゥワァーイト
Clean and bright
　クリィーン　アン　ブラァーイト
You look happy to meet me
　ユゥ　ルゥク　ハァピィ　トゥ　ミィート　ミィー

Blossom of snow may you bloom and grow
ブロォーソモヴ　スノォウ　メィ　ユゥ　ブルゥーム　アン　グロォゥ
Bloom and grow forever
ブルゥーム　アン　グロォゥ　フォーレーヴァー
Edelweiss, Edelweiss
エーィデルゥワァーイス　エーィデルゥワァーイス
Bless my homeland forever
ブレス　マァイ　ホォゥムラァン　フォーレーヴァー

★繰り返し

［対訳］
エーデルワイス　エーデルワイス／毎朝 私に挨拶をしてくれる／小さく 白い／清らかで まばゆい／よろこんで私に会ってくれる
雪の花は開花し 育つでしょう／開花し 育つでしょう 永遠に／エーデルワイス　エーデルワイス／永遠に我が国をお守りください

CD1-7

Over the Rainbow ／虹のかなたに

作詞：Y.ハーバーグ　作曲：H.アーレン　編曲：薗 広昭
うた：ジェーン・ヒューイ

Somewhere over the rainbow
サァームゥエアー　オゥヴァ　ざ　ゥレェインボォウ
Way up high
ゥエィ　アーブ　ハァーイ
There's a land that I heard of
ぜェアざァー　ラァンド　ざァラァイ　ハァードヴ
Once in a lullaby
ゥワァンス　イナァ　ラァラァバァーイ
Somewhere over the rainbow
サァームゥエアー　オゥヴァ　ざ　ゥレェインボォウ
Skies are blue
スカァィザァー　ブルゥー
And the dreams that you dare to dream
アーン　ざ　ドゥリィームズ　ざァチュ　デアァ　トゥ　ドゥリィーム
Really do come true
ゥリィリィ　ドゥ　カァム　チュルゥー

Someday I'll wish upon a star
サァムデイ アィル ウイシゥ アポォナァ スタァ
And wake up where the clouds are
アン ウエイク アプ ウエア ザ クラァウズ ア
Far behind me
ファ ビハァーィン ミィー
Where troubles melt like lemon drops
ウェア チュラブルズ メェルト ラァイク レェモン ヂュロォプス
Away above the chimney tops
アゥエイ アバァヴ ザ チィムニィ トォプス
That's where you'll find me
ザァッ ウエアー ユゥルー ファーインド ミィー

★ Somewhere over the rainbow
　サァームゥエアー オゥヴァ ザ ゥレェインボォウ
Bluebirds fly
ブルゥーバァーズ フラァーィ
Birds fly over the rainbow
バァーズ フラァイ オゥヴァ ザ ゥレェインボォウ
Why then oh why can't I ?
ゥワィ ゼェン オゥ ゥワィ キャンタァイ

★繰り返し

If happy little bluebirds fly
イフ ハァピィ リィロル ブルゥバァーズ フラァイ
Beyond the rainbow
ビヨォンド ザ ゥレェインボォウ
Why, oh why can't I ?
ゥワィ オゥ ゥワィ キャンタァイ

[対訳]
虹のかなたに／空高く／幼いころに子守唄で聞いた／場所がある／虹のかなたに／青い空がある／夢にまで見た希望が／本当に実現する
ある日 星に願いをかけて／ずっと遠くの 雲のあるところで 目がさめた／レモンのしずくのように 悩みは消え／煙突よりも ずっと高いところに／私はいるの
虹のかなたに／青い鳥が飛ぶ／虹のかなたを 鳥が飛ぶのなら／私にだってできるはず
虹をこえて 幸せの青い鳥が飛ぶのなら／私にだってできるはず

 CD1-8

Puff, the Magic Dragon
／パフ、ふしぎなりゅう
作詞・作曲：P.ヤーロウ、L.リプトン　編曲：淡海悟郎
うた：サーヤ・ソーレス

★ Puff, the magic dragon lived by the sea
　パァフ ザ マァディク ドゥラァゴン リィヴド バァイ ザ スィー
And frolicked in the autumn mist
アン フロォリクト イン じ オータム ミィスト
In a land called Honah Lee
イナァ ラァンド コォール ホォナァ リィー

Little Jackie Paper loved that rascal, Puff
リィトル ヂャキィ ペェイパァ ラァヴド ザ ラァスカル パァフ
And brought him strings and sealing wax
アン ブロォーティム ストリィングス アン シィーリィン ウワックス
And other fancy stuff, oh!
アン アザァ ファンスィ スタァフ オゥ

★2回繰り返し

Together they would travel
トギャザァ ゼェイ ウド トゥラヴェル
On a boat with billowed sail
オンナァ ボォウト ウィズ ビィロォウド セェイル
Jackie kept a lookout perched
ヂャキィ ケェプタァ ルゥカァウト パァーチト
On Puff's gigantic tail
オン パァフス ヂャイガァンティク テェイル

Noble kings and princes would bow
ノォウブル キィングザン プリィンスィス ウド バァウ
Whene'er they came
ゥエンネェヴァ ゼェイ ケェイム
Pirate ships would lower their flags
パァイゥレイト シィプス ウド ロォウア ゼェア フラァグズ
When Puff roared out his name, oh!
ゥエン パァフ ゥロォーダゥト ヒィズ ネェイム オゥ

★2回繰り返し

[対訳]
不思議な竜パフは、海のそばに住んでいて／秋の霧のなかではしゃいでいた／ホノリーと呼ばれる場所で
少年のジャッキー・ペーパーは このいたずら好きのパフが大好きで／ひも、みつろう、その他の楽しいものを持ってきた
ふたりは一緒に旅に出た／たなびく帆のついたボートに乗って／ジャッキーは見張りをしていた／パフの大きな尾に乗って
高貴な王様や王子様は／ふたりが行くとかならずお辞儀をする／海賊の船は帆をおろす／パフが大声で自分の名前を叫ぶと

CD1-9

Twinkle, Twinkle, Little Star ／きらきら星

フランス民謡　作詞：J.テイラー　編曲：有澤孝紀
うた：クロイ・マリー・マクナマラ

★Twinkle, twinkle little star
　トゥインクル　トゥインクル　リィトル　スタァー
How I wonder   what you are!
ハゥ　アイ　ゥワンダァー　ゥワット　ユゥ　アー
Up above the world   so   high
アプ　アバゥヴ　ざ　ゥワァールド　ソゥ　ハァイ
Like a diamond in   the sky
ラァイカァ　ダァイアモンド　イン　ざ　スカァイ
Twinkle, twinkle little star
トゥインクル　トゥインクル　リィトル　スタァー
How I wonder what you are!
ハゥ　アイ　ゥワンダァー　ゥワト　ユゥ　アー

In the dark blue sky   you keep
イン　ざ　ダァーク　ブルゥ　スカァイ　ユゥ　キィープ
While you through my window peep
ゥワイル　ユゥ　すゥロゥ　マァイ　ウィンドゥ　ピィー
And you never shut your eye
アンヂュ　ネェヴァ　シァチュァラァイズ
Till the sun is in the sky
ティル　ざ　サァン　イズ　イン　ざ　スカァイ
Twinkle, twinkle little star
トゥインクル　トゥインクル　リィトル　スタァー
How I wonder   what you are!
ハゥ　アイ　ゥワンダァー　ゥワト　ユゥ　アー

★繰り返し

［対訳］
きらきら光る　小さなお星さま／あなたはだれなのかしら／地球からずっと高いところにいて／空のダイアモンドみたい／きらきら光る　小さなお星さま／あなたはだれなのかしら

深い青色の空にいて／窓からのぞきしている／そしてまぶたを閉じることはない／太陽が空に昇るまで／きらきら光る　小さなお星さま／あなたはだれなのかしら

CD1-10

My Favorite Things ／私のお気に入り

作詞：O.ハマースタイン2世　作曲：R.ロジャース　編曲：有澤孝紀
うた：クロイ・マリー・マクナマラ

★Raindrops on roses
　ゥレインドロォプゾン　ゥロォウズイズ
And whiskers on kittens
アン　ウィスカァーゾン　キィテンズ
Bright copper kettles
ブラァイ　カァパァ　ケトルズ
And warm woolen mittens
アン　ゥワァーム　ゥウゥレン　ミィトンズ
Brown paper packages
ブラァウン　ペェイパァ　パァキィヂイズ
Tied up with   strings
タァイダプ　ウィざ　ストリィングズ
These are a few of
じィーザァ　ア　ヒュゥ　オヴ
My favorite things
マァイ　フェイヴァレ　すィングズ

Cream colored ponies
クリィーム　カァラド　ポォウニィズ
And crisp apple strudels
アン　クリィス　アプル　ストルゥーデルズ
Doorbells   and sleighbells
ドォーァベルズ　アン　スレェイベェルズ
And schnitzel with noodles
アン　シィニィツェル　ウィざ　ヌゥードルズ
Wild   geese that fly   with
ゥワイルド　ジィース　ざァ　フラァイ　ウィざ
The moon on their wings
ざ　ムゥーン　オン　ぜェア　ウイングズ
These are a few of
じィーザァ　ア　ヒュゥ　オヴ
My favorite things
マァイ　フェイヴァレ　すィングズ

★★Girls in white dresses
　　　ゲェーゥルズン　ゥワイト　ドレェスイズ
With blue satin sashes
ウィざ　ブルゥ　サァテン　サァシィズ
Snowflakes   that stay
スノォゥフレェイクス　ざァ　ステェイ
On my nose and eyelashes
オン　マァイ　ノォウザン　アィラァシィズ
Silver white winters
シィルヴァ　ゥワイト　ウィンタァーズ
That melt into springs
ざァ　メェルティントゥ　スプリィングズ
These are a few of
じィーザァ　ア　ヒュゥ　オヴ
My favorite things
マァイ　フェイヴァレ　すィングズ

★★★ When the dog bites
ゥエン　ざ　ドォグ　バァイツ
When the bee stings
ゥエン　ざ　ビィー　スティングス
When I'm feeling sad
ゥエン　アィム　フィーリィング　サァ
I simply remember
アィ　スィンプリィ　ゥリィメェンバァ
My favorite things
マァイ　フェイヴァレ　すィングズ
And then I don't feel
アン　ゼェナァイ　ドォン　フィール
So bad
ソォゥ　バァド

★ 繰り返し
★★ 繰り返し
★★★ 繰り返し

[対訳]
バラについた雨のしずく／子猫のひげ／輝く銅のやかん／暖かいウールの手袋／ひもで結んだ茶色の紙の包み／これが私のお気に入り

クリーム色の子馬／パリパリのリンゴ菓子／玄関の鈴　そりの鈴／ヌードル付の子牛肉のカツレツ／月明かりをつばさにのせて飛ぶガンたち／これが私のお気に入り

白いドレスに青いサテンのサッシュをまいた少女たち／私の鼻やまつ毛に積もった雪の粒／春にむけてとけていく　白銀の冬／これが私のお気に入り

犬がかんだとき／蜂に刺されたとき／私は悲しくなったとき／私は自分のお気に入りを思い出しさえすれば／気分はよくなる

CD1-11

Singin' in the Rain／雨に唄えば

作詞：A.フリード　作曲：N.H.ブラウン　編曲：蘭 広昭
うた：トム・クラーク

I'm singin' in the rain
アィム　スィーンギィン　インナ　ゥレェーィン
Just singin' in the rain
ヂャスト　スィーンギィン　インナ　ゥレェーィン
What a glorious feelin'
ゥワァタァ　グロォーリィアス　フィーリィング
I'm happy again
アィム　ハァーピィ　アゲェーィン
I'm laughin' at clouds
アィム　ラァーフィン　アト　クラァーゥズ
So dark up above
ソォゥ　ダァーク　アーブ　アボォーヴ
The sun's in my heart
ざ　サァンズ　イン　マァイ　ハァート
And I'm ready for love
アン　アィム　ゥレーディ　フォ　ラァーヴ

Let the stormy clouds chase
レト　ざ　ストォーミィ　クラァゥズ　チェーィス
Everyone from the place
エヴリィゥワーン　フロォム　ざ　プレェーィス
Come on with the rain
カァモォン　ウィズ　ざ　ゥレェーィン
I've a smile on my face
アィヴァ　スマァーィル　オン　マァイ　フェーィス
I'll walk down the lane
アィル　ゥウォーク　ダァーゥン　ざ　レェーィン
With a happy refrain
ウィず　ア　ハァピィ　ゥリフレェーィン
Just singin'
ヂャス　スィンギィン
Singin' in the rain
スィンギィン　インナ　ゥレェーィン
Dancin' in the rain
ダァーンスィン　インナ　ゥレェーィン
Ya dee da da da da ※
ヤ　ディー　ダァー　ダァー　ダァー　ダァー

I'm happy again
アィム　ハァーピィ　アゲェーィン
Just singin' and dancin' in the rain
ヂャスト　スィンギィン　アン　ダァンスィン　イン　ざ　ゥレェーィン

[対訳]
雨に歌えば／雨に歌うだけで／なんて気分がいいんだろう／また幸せな気持ちになる／雲に笑いかける／空がとても暗くても／心には太陽がある／そして愛の予感がする

嵐の雲が／みんなをこの場所から追い払らう／雨を降らせておくれ／私は笑って／道を歩いて行こう／愉快なリフレインとともに／歌を歌うだけ／雨に歌えば／雨に踊れば／ヤ　ディー　ダァー　ダァー　ダァー　ダァー

また気分がよくなる／雨に歌って　踊って

※歌と歌詞が違っていますが、ここでは元の歌詞を採用しています。

🔊 CD1-12

Take Me Home, Country Roads ／カントリーロード

作詞・作曲：J.デンバー、B.ダノフ、T.ニバート　編曲：薗 広昭
うた：ヨシュア・ポペノー

Almost　heaven West　Virginia
オールモォスト　ヘェーヴン　ウエスト　ヴァヂィニィア
Blue　Ridge　Mountain
ブルゥ　ウリィヂ　マァウンテン
Shenandoah River
シェナンドォゥ　ウリィヴァー
Life is　old there older　than the trees
ラァイフィズ　オゥルゼァ　オゥルダァ　ザァン　ざ　トゥリーズ
Younger　than the mountains
ヤァンガァ　ざァン　ざ　マァウンテンズ
Growin' like a　breeze
グロゥィン　ラァイカァ　ブリィーズ

★ Country Roads　take　me　home
　カァントゥリ　ウロォーヅ　テェイク　ミィ　ホォーム
To　the place　I　belong
トゥ　ざ　プレェーェス　アィ　ビロォーン
West Virginia　Mountain momma
ウエスト　ヴァヂィニィア　マァウテン　マァマァー
Take me home Country　Roads
テェイク　ミィ　ホォーム　カァントゥリ　ウロォーヅ

All　my　memories gather 'round her
オール　マァズ　メェーモリィ　ギャザァ　ラァラウンド　ハァー
Miner's　lady　stranger　to　blue water
マァイナァズ　レェイディー　ストレェンヂァ　トゥ　ブルゥ　ウォータァー
Dark and dusty　painted　on　the sky
ダーカン　ダァスティ　ペェインティド　オン　ざ　スカァーィ
Misty　taste of moon　shine
ミィスティ　テェイストヴ　ムゥーーン　シァイン
Teardrop　in　my　eye
ティアドロァブ　イン　マァイ　アィ

★ 繰り返し

I　hear her voice in　the mornin' hours
アィ　ヒィア　ハァ　ヴォイス　イン　ざ　モォニィーン　アゥアズ
She calls　me
シィ　コォールズ　ミィ
The radio　reminds　me of
ざ　ウレェイディオ　ウリィマァインズ　ミィ　オヴ
My　home far away
マァイ　ホォウム　ファラァゥウェイ
And drivin'　down the road I　get a feelin'
アン　ドゥラァイヴン　ダゥウン　ざ　ウロォゥダァイ　ゲェタァ　フィーリィン
That I　should have been home
ざァタァイ　シュドゥヴ　ビィーン　ホォウム
Yesterday, yesterday
イェスタァデェイ　イェスタァデェイ

★ 繰り返し

［対訳］
ウエストヴァージニアはまるで天国だ／ブルーリッヂの山々／シェナンドー川／ずっと昔から人はそこで暮らし　木よりも昔から／山々よりは新しい／そよ風のように育っていく

故郷への道よ　連れて行っておくれ／私の育った場所に／ウエストヴァージニア　母なる山／故郷への道よ　私を連れて行っておくれ

思い出すのは母なる山のことばかり／鉱夫のマドンナで　青い海とは無縁／空は暗くてほこりっぽい／月光にはもやがたちこめ／私の目には涙がたまる

朝　母なる山が／私を呼ぶ声を聞いた／ラジオを聞くと／はるか遠くの故郷を思い出す／そして故郷への道を進みながら　思った／昨日のうちに故郷に帰っておくべきだったと／昨日のうちに　昨日のうちに

🔊 CD1-13

Grandfather's Clock
／大きな古時計

作詞・作曲：H.C.ワーク　編曲：有澤孝紀
うた：ブライアン・ベック

My　grandfather's　clock
マァイ　グラァンドファざァズ　クロォク
Was too large　for the shelf
ワァズ　トゥ　ラァーヂ　フォ　ざ　シェルフ
So　it　stood ninety　years on the floor
ソォウ　イト　ストゥド　ナァインティ　イァーズ　オン　ざ　フロォー
It　was　taller　by　half
イト　ゥワァズ　トォーラァ　バァイ　ハァフ
Than the old　man　himself
ざァン　じ　オゥルド　マァン　ヒィムセェルフ
Though it weighed not a pennyweight more
ぞォウ　イト　ゥウェイ　ノォト　ア　ペェニィゥエイ　モォー
It　was　bought on the morn
イト　ゥワァズ　ボォー　オン　ざ　モォーン
Of the day that he was　born
オヴ　ざ　デェイ　ざァト　ヒィ　ゥワァズ　ボォーン
And was　always　his　treasure and pride
アン　ゥワァズ　オールゥエイズ　ヒィズ　トゥレヂァー　アン　プラァーイド
But　it　stopped, short
バァト　イッ　スタァプト　シォート
Never　to　go　again
ネェヴァ　トゥ　ゴォゥ　アゲェイン
When the old　man　died
ゥエン　じ　オーゥルド　マァーン　ダァーィ

★ Ninety　years　without　slumbering
　ナァインティ　イヤーズ　ウィずアゥト　スラァムバリィン
Tick-tock, tick-tock
ティク　タァク　ティク　タァク
His　life　seconds numbering
ヒィズ　ラァイフ　セコォンズ　ナァムバァリィン
Tick-tock, tick-tock
ティク　タァク　ティク　タァク

It stopped short
イト　ストプト　　ショート
Never to　go　again
ネェヴァ　トゥ　ゴウ　アゲェイン
When the old　　man　died
ゥエン　じ　オーゥルド　マァーン　ダァーイ

In　watching its　pendulum
イン　ゥワチィン　イッ　ペンデュラァム
Swing　to　and fro
スゥイング　トゥ　アン　フロ
Many hours　had　he spent　while a　boy
メェニィ　アゥアズ　ハァド　ヒィ　スペント　ゥワィラァ　ボォイ
And in　childhood and manhood
アン　イン　チャイルドフゥド　アン　メアンフゥド
The clock seemed to　know
ざ　クロォク　スィームド　トゥ ノォウ
And to　share both　his　grief and his　joy
アン　トゥ　シェア　ボゥす ヒィズ　グリィフ アン　ヒィズ ジョォーイ
For it struck　　twenty-four
フォリト　ストゥラァク　トゥエンティ　フォー
When he entered at　the door
ゥエン　ヒィ　エンタァド　アト　ざ　ドア
With a　blooming and beautiful　bride
ゥィず　ア　ブルゥーミィン　アン　ビュゥーティフル　ブラァイド
But　it stopped, short
バァト　イト　スタァプト　　ショート
Never to　go　again
ネェヴァ　トゥ　ゴウ　アゲェイン
When the old　　man　died
ゥエン　じ　オーゥルド　マァーン　ダァーイ

★繰り返し

It　rang　an　alarm
イト　ラァング　アン　アラァーム
In　the dead of the night
イン　ざ　デェドヴ　ざ　ナァイト
An alarm　that for　years had been dumb
アン　アラァーム　ざアト　フォー　イヤーズ　ハァド　ビィーン　ダァム
And we knew that his　spirit
アン　ゥィ　ヌゥー　ざアト　ヒィズ　スピィリィト
Was pluming　his　flight
ゥワズ　プラァミィング　ヒィズ　フラァイト
That his　hour　of　departure　had come
ざアト　ヒィズ　アゥア　オヴ　ディパァーチュア　ハァド　カァム
Still　the clock kept　the time
スティル　ざ　クロォク　ケェプト　ざ　タァイム
With a soft　and muffled chime
ゥィざア　ソフト　アン　マァフルド　チァーイム
As　we silently　　stood by　his　side
アズ　ゥィ　スァイレントリィ　ストゥド　バァイ　ヒィズ　サァイド
But it stopped, short
バァト　イト　スタァプト　　ショート
Never to　go　again
ネェヴァ　トゥ　ゴウ　アゲェイン
When the old　　man　died
ゥエン　じ　オーゥルド　マァーン　ダァーイ

★繰り返し

[対訳]
おじいさんの時計／大きすぎて　たなにおけず／90年間　床におかれていた／おじいさんの背丈の半分以上も大きかったけれど／重さはおじいさんと同じ／おじいさんの生まれた朝に／買ってきた／そして時計はおじいさんの宝物で自慢だった／でもおじいさんが亡くなったときに　突然時計はとまり　動かなくなった

90年間やすまず／チクタクチクタク／おじいさんの人生の時を刻んで／チクタクチクタク／でもおじいさんが亡くなったときに　突然時計はとまり　動かなくなった

おじいさんが子どものころ　何時間も　時計の振り子が動くのを見ていた／おじいさんの子どものころも大人のころも／時計は知っているようだった／おじいさんの悲しみも喜びも分かち合ってきた／とても美しい花嫁と　おじいさんが入ってきたとき　時計は24回鐘を鳴らした／でもおじいさんが亡くなったときに　突然時計はとまり　動かなくなった

何年も鐘を鳴らさなかった時計が　静かな真夜中に　鳴り響いた／それで私達はおじいさんの魂が／飛び立っていったのを知った／おじいさんとの別れのときがきた／静かに時計は時を刻み／時計はやさしくそっと鐘を鳴らしていた／私たちは黙っておじいさんのそばに立った／でもおじいさんが亡くなったときに　突然時計はとまり　動かなくなった

 CD1-14

We Are the World
／ウィー・アー・ザ・ワールド
作詞・作曲：M.ジャクソン＆L.リッチー　編曲：D.ベノイト
うた：ハロルド・ペイン

There comes a time
ぜア　カァムズァ　タァイム
When we heed a certain call
ゥエン　ゥィ　ヒィードァ　スァータン　コォール
When the world　must come together as one
ゥエン　ざ　ゥワール　マアスト　カァム　トギィザァ　　アズ ゥワン
There are　people dying※
ぜア　アー　ピィープル　ダァイング
And it's time　to　lend a hand　to life
アンディッ　タァイム　トゥ　レンダァ　ハァンド　トゥ　ラァイフ
The greatest　　gift of all
ざ　グレェイティスト　ギィフト オヴ　オール
We can't go　on pretending　day　by　day
ゥィ　キャン　ゴウ　オン　プリィテェンディン　デェイ　バァイ　デェイ
That someone, somewhere
ざア　サァムワン　　サァムウェア
Will soon　　make a change
ゥィル　スゥーン　メェイカァ　チェインヂ
We are all a　part of god's great big family
ゥィ　アー　オーラァ　パァーロヴ　ガアズ　　グレェイ　ビィグ　ファムリ
And the truth,　　　you know
アン　ざ　トゥルゥーす　　ユゥ ノォウ
Love is all　we　need
ラァヴィズ　オール　ゥィ　ニィー

★We are the world, we are the children
　ウィ　アー　ざ　　ウゥアール　ウィアー　ざ　　チィルドゥレン
We are the ones who make a brighter day
ウィ　アー　ざ　ウゥアンズ　フゥ　メェイカァ　ブラァイタァ　デェイ
So　let's start　giving
ソォウ　レッ　スタァー　ギィヴィン
There's a choice we're making
ぜェアズァ　チォイス　ウィア　メェイキン
We're saving　our own lives
ウィア　セェイヴィン　アゥア　オゥン　ラァイヴズ
It's true　we'll make a better day
イッ　トゥルー　ウィル　メェイカァ　ベタァデェイ
Just you and me
ヂァス　ユゥ　アン　ミィ

Send them your heart
セェン　ぜェム　ユァ　ハァート
So　they'll know that someone cares
ソォウ　ぜェル　ノォウ　ざァ　サムワン　ケェアズ
And their lives will be stronger and free
アン　ぜェア　ラァイヴズ　ウィル　ビィ　ストロォンガァン　フリィー
As god has shown us by turning stones bread
アズ　ガァド　ハァズ　シォウナァス　バァイ　ターニン　ストォンズ　ブレェド
So　we all　must lend a helping hand
ソォウ　ウィ　オール　マァス　レェンダァ　ヘェルピィン　ハァーン

★繰り返し

When you're down and out
ゥエン　ユァ　ダゥナンダゥ
There seems no hope at all
ぜェア　スィームズ　ノォウ　ホォゥブ　アト　オール
But if you just believe
バァ　イフ　ユゥ　ヂァス　ビリィーヴ
There's no way we can fall
ぜェアズ　ノォウ　ウェイ　ウィ　キャン　フォール
Let us realize　that a change can only come
レェタァス　ゥリィアラァイズ　ざァタァ　チェンデ　キャン　オゥンリィ　カァム
When we stand　together as one
ゥエン　ウィ　スタァンド　トギァざァ　アズ　ゥワァン

★繰り返し

[対訳]

人々の叫び声を　受け止めるときがきた／世界は一つになるべきときだ／死んでいく人々がいる／手をさしのべるときがきた／命という最高の贈り物に／知らぬふりをして日々を過ごすことはできない／だれかが　どこかで／そのうち変えてくれるだなんて／私たちは神様のつくった大きな家族の一員だ／それが真実だ／私たちが必要としているのは愛なのだ

世界は一つ　私たちは神様の子ども／輝く日々にするのは私たち／だから与え始めよう／選ぶのは私たちだ／自分たちの命を救っているのだ／幸せな日を作るのは本当に私たちなんだよ／あなたとわたし

思いがとどけば／彼らはだれかが自分たちを愛していることを知るのだ／そして自信をもち自由になっていく／神様が石をパンに変えて示して下さったように／私たちも救いの手をさしのべよう

あなたが疲れ果てると／希望はないように思える／でも信じさえすれば　倒れることはないんだ／私たちがひとつになりさえすれば　変えることができるんだ

※歌と歌詞が違っていますが、ここでは元の歌詞を採用しています。

CD1-15
We Wish You a Merry Christmas ／おめでとうクリスマス
イギリスのキャロル　編曲：小森昭宏
うた：ケント・チルドレンズ・コラール、ウィリアム・カマー

We wish you a Merry Christmas,
　ウィ　ウィシュア　　　　メェリ　　クリスマス
We wish you a Merry Christmas,
　ウィ　ウィシュア　　　　メェリ　　クリスマス
We wish you a Merry Christmas,
　ウィ　ウィシュア　　　　メェリ　　クリスマス
And a happy New Year.
　アンダァ　ハァピィ　ニューイァー

★ Good tidings　we bring,
　　グゥ　タイディングズ　ウィ　ブリィング
to you　and your kin,
　トゥ ユゥ　アンデュア　　キィン
We wish you a Merry Christmas,
　ウィ　ウィシュア　　　　メェリ　　クリスマス
and a happy New Year.
　アンダァ　ハァピィ　ニューイァー

Now bring us　some figgy pudding,
　ナァウ　ブリィングアス　サァム　フィギィ　プゥディング
Now bring us　some figgy pudding,
　ナァウ　ブリィングアス　サァム　フィギィ　プゥディング
Now bring us　some figgy pudding,
　ナァウ　ブリィングアス　サァム　フィギィ　プゥディング
And bring some out here.
　アン　ブリィング　サァム　アゥト　ヒィア

★繰り返し

For　we all　like　figgy pudding,
　フォー　ウィ　オール　ラィィク　フィギィ　プゥディング
We all　like　figgy pudding,
　ウィ　オール　ラィィク　フィギィ　プゥディング
We all　like　figgy pudding,
　ウィ　オール　ラィィク　フィギィ　プゥディング
So　bring　some out here.
　ソゥ　ブリィング　サァム　アゥト　ヒィア

★繰り返し

And we won't go　until　we've got some,
　アン　ウィ ゥワント　ゴゥ　アンティル　ウィヴ　ガァト　サァム
We won't go　until　we've got some,
　ウィ　ゥワント　ゴゥ　アンティル　ウィヴ　ガァト　サァム
We won't go　until　we've got some,
　ウィ　ゥワント　ゴゥ　アンティル　ウィヴ　ガァト　サァム
So　bring　some out here.
　ソゥ　ブリィング　サァム　アゥト　ヒィア

★繰り返し

[対訳]
クリスマス　お祝いだ／クリスマス　お祝いだ／クリスマス　お祝いだ／そして　新年のお祝いだ

あなたとご家族の人たちに／クリスマスと新年のお祝いに私たちはきました

さあ　イチジクのプリンを持ってきてください／さあ　イチジクのプリンを持ってきてください／さあ　イチジクのプリンを持ってきてください／ここに持ってきてください

イチジクのプリンは私たちの好物ですから／イチジクのプリンは私たちの好物／イチジクのプリンは私たちの好物／だからここに持ってきてください

私たちはもらえるまで帰りません／私たちはもらえるまで帰りません／私たちはもらえるまで帰りません／だからここに持ってきてください

CD1-16
Silent Night ／きよしこの夜
作詞：J.モール　作曲：F.グルーバー　編曲：若松正司
うた：クロイ・マリー・マクナマラ

★ Silent　night, holy　night,
　　サァイレェン　ナァイト　ホォゥリィ　ナァイト
All is calm, all is　bright.
　オーリィズ　カァーム　オーリィズ　ブラァイト
Round yon virgin　mother　and child.※
　ゥラァウンデュア　ヴァーヂン　マァザァ　アン　チァイルド
Holy　infant　so　tender and mild,
　ホォゥリィ　インファント　ソォウ　テンダァ　アン　マァイルド
Sleep in heavenly peace,
　スリィーピン　ヘェヴンリィ　ピィース
Sleep in heavenly peace.
　スリィーピン　ヘェヴンリィ　ピィース

★2回繰り返し

[対訳]
聖しこの夜／すべては静かで輝いている／聖母マリアとイエスをとりかこもう／聖なる子どもはやさしく穏やかで／安らかに眠っている／安らかに眠っている

※歌と歌詞が違っていますが、ここでは元の歌詞を採用しています。

CD2-1

Little Peter Rabbit
／小さなピーターラビット

英語のあそびうた　編曲：有澤孝紀
うた：セント・ジョン・フィッシャーR.C. J.M.I.小学校の子どもたち

Little Peter Rabbit had a fly　upon his ear
リィトゥル ピィータァ ゥラァビト ハァダァ フラァイ アポォン ヒィズ イァー
Little Peter Rabbit had a fly　upon his ear
リィトゥル ピィータァ ゥラァビト ハァダァ フラァイ アポォン ヒィズ イァー
Little Peter Rabbit had a fly　upon his ear
リィトゥル ピィータァ ゥラァビト ハァダァ フラァイ アポォン ヒィズ イァー
And he flicked it till　it flew　away
アン ヒィ フリィクディト ティル イッ フルゥー アゥエィ

Little Peter **** had a fly　upon his ear
リィトゥル ピィータァ ハァダァ フラァイ アポォン ヒィズ イァー
Little Peter **** had a fly　upon his ear
リィトゥル ピィータァ ハァダァ フラァイ アポォン ヒィズ イァー
Little Peter **** had a fly　upon his ear
リィトゥル ピィータァ ハァダァ フラァイ アポォン ヒィズ イァー
And he flicked it till　it flew　away
アン ヒィ フリィクディト ティル イッ フルゥー アゥエィ

Little Peter **** had a ***　upon his ear
リィトゥル ピィータァ ハァダァ アポォン ヒィズ イァー
Little Peter **** had a ***　upon his ear
リィトゥル ピィータァ ハァダァ アポォン ヒィズ イァー
Little Peter **** had a ***　upon his ear
リィトゥル ピィータァ ハァダァ アポォン ヒィズ イァー
And he flicked it till　it flew　away
アン ヒィ フリィクディト ティル イッ フルゥー アゥエィ

Little Peter **** had a ***　upon his ***
リィトゥル ピィータァ ハァダァ アポォン ヒィズ
Little Peter **** had a ***　upon his ***
リィトゥル ピィータァ ハァダァ アポォン ヒィズ
Little Peter **** had a ***　upon his ***
リィトゥル ピィータァ ハァダァ アポォン ヒィズ
And he flicked it till　it flew　away
アン ヒィ フリィクディト ティル イッ フルゥー アゥエィ

Little Peter Rabbit had a fly　upon his ear
リィトゥル ピィータァ ゥラァビト ハァダァ フラァイ アポォン ヒィズ イァー
Little Peter Rabbit had a fly　upon his ear
リィトゥル ピィータァ ゥラァビト ハァダァ フラァイ アポォン ヒィズ イァー
Little Peter Rabbit had a fly　upon his ear
リィトゥル ピィータァ ゥラァビト ハァダァ フラァイ アポォン ヒィズ イァー
And he flicked it till　it flew　away
アン ヒィ フリィクディト ティル イッ フルゥー アゥエィ

［対訳］

小さなうさぎのピーターの耳にハエがとまった／小さなうさぎのピーター耳にハエがとまった／小さなうさぎのピーター耳にハニにとまった／それでうさぎは、ハエが飛んでいくまではたいたよ

小さな **** ピーターの耳にハエがとまった／小さな **** ピーターの耳にハエがとまった／小さな **** ピーターの耳にハエがとまった／それでうさぎは、ハエが飛んでいくまではたいたよ

小さな **** ピーターの耳に **** とまった／小さな **** ピーターの耳に **** とまった／小さな **** ピーターの耳に **** とまった／それでうさぎは、ハエが飛んでいくまではたいたよ

小さな **** ピーターの **** に **** とまった／小さな **** ピーターの **** に **** とまった／小さな **** ピーターの **** に **** とまった／それでうさぎは、ハエが飛んでいくまではたいたよ

小さなうさぎのピーターの耳にハエがとまった／小さなうさぎのピーターの耳にハエがとまった／小さなうさぎのピーターの耳にハエがとまった／それでうさぎは、ハエが飛んでいくまではたいたよ

 CD2-2

Who's Afraid of the Big Bad Wolf?
／おおかみなんかこわくない

英語のあそびうた　編曲：高島明彦
うた：黒田久美子、ブルー・ストリームズ

★Who's afraid　of　the Big Bad Wolf?
　フゥーズ アフレェイド オヴ ザ ビィグ バァド ウルフ
The Big　Bad　Wolf, the Big　Bad　Wolf?
ザ ビィグ バァド ウルフ ザ ビィグ バァド ウルフ
Who's afraid　of　the Big Bad Wolf?
フゥーズ アフレェイド オヴ ザ ビィグ バァド ウルフ
Tra　la　la　la　la
チュラァ ラァ ラァ ラァ ラァ

★繰り返し

［対訳］

大きくて意地悪なオオカミなんて全然怖くない
大きくて意地悪なオオカミ　大きくて意地悪なオオカミ
大きくて意地悪なオオカミなんて全然怖くない
チュラァ ラァ ラァ ラァ ラァ

CD2-3

Today Is Monday
／月ようびはなにたべる？
英語のあそびうた　編曲：佐橋俊彦
うた：ジェフ・マニング、ボイスランド・キッズ

Today is Monday, today is Monday
トゥデイ イズ マァンデイ トゥデイ イズ マァンデイ
Monday, string beans
マァンデイ スチュリィング ビィーンズ
All you hungry children
オール ユゥ ハァングリィ チィルドゥレン
Come and eat it up
カァム アン イート イティアプ

Today is Tuesday, today is Tuesday
トゥデイ イズ チューズデイ トゥデイ イズ チューズデイ
Tuesday, spaghetti
チューズデイ スパゲッティ
Monday, string beans
マァンデイ スチュリング ビィーンズ
All you hungry children
オール ユゥ ハァングリィ チィルドゥレン
Come and eat it up
カァム アン イート イティアプ

Today is Wednesday, today is Wednesday
トゥデイ イズ ウェンズデイ トゥデイ イズ ウェンズデイ
Wednesday, ZOOOOP
ウェンズデイ ズゥープ
Tuesday, spaghetti
チューズデイ スパゲッティ
Monday, string beans
マァンデイ スチュリング ビィーンズ
All you hungry children
オール ユゥ ハァングリィ チィルドゥレン
Come and eat it up
カァム アン イート イティアプ

Today is Thursday, today is Thursday
トゥデイ イズ サァーズデイ トゥデイ イズ サァーズデイ
Thursday, roast beef
サァーズデイ ゥロオゥスト ビィーフ
Wednesday, ZOOOOP
ウェンズデイ ズゥープ
Tuesday, spaghetti
チューズデイ スパゲッティ
Monday, string beans
マァンデイ スチュリング ビィーンズ
All you hungry children
オール ユゥ ハァングリィ チィルドゥレン
Come and eat it up
カァム アン イート イティアプ

Today is Friday, today is Friday
トゥデイ イズ ファイデイ トゥデイ イズ ファイデイ
Friday, fresh fish
ファイデイ フレシゥ フィシゥ
Thursday, roast beef
サァーズデイ ゥロオゥスト ビィーフ
Wednesday, ZOOOOP
ウェンズデイ ズゥープ
Tuesday, spaghetti
チューズデイ スパゲッティ
Monday, string beans
マァンデイ スチュリング ビィーンズ
All you hungry children
オール ユーゥ ハァングリィ チィルドゥレン
Come and eat it up
カァム アン イート イティアプ

Today is Saturday, today is Saturday
トゥデイ イズ スァタァデイ トゥデイ イズ スァタァデイ
Saturday, chicken
スァタァデイ チィキン
Friday, fresh fish
ファイデイ フレシゥ フィシゥ
Thursday, roast beef
サァーズデイ ゥロオゥスト ビィーフ
Wednesday, ZOOOOP
ウェンズデイ ズゥープ
Tuesday, spaghetti
チューズデイ スパゲッティ
Monday, string beans
マァンデイ スチュリング ビィーンズ
All you hungry children
オール ユゥ ハァングリィ チィルドゥレン
Come and eat it up
カァム アン イート イティアプ

Today is Sunday, today is Sunday
トゥデイ イズ サァンデイ トゥデイ イズ サァンデイ
Sunday, ice cream
サァンデイ アイス クリィーム
Saturday, chicken
スァタァデイ チィキン
Friday, fresh fish
ファイデイ フレシゥ フィシゥ
Thursday, roast beef
サァーズデイ ゥロオゥスト ビィーフ
Wednesday, ZOOOOP
ウェンズデイ ズゥープ
Tuesday, spaghetti
チューズデイ スパゲッティ
Monday, string beans
マァンデイ スチュリング ビィーンズ
All you hungry children
オール ユゥ ハァングリィ チィルドゥレン
Come and eat it up
カァム アン イート イティアプ
"All you hungry children!
オール ユゥ ハァングリィ チィルドゥレン
Come and eat it up."
カァム アン イート イティアプ

[対訳]

今日は月曜日 今日は月曜日／月曜日は さやいんげんを食べよう／はらぺこの子どもたちみんな／おいで たいらげよう

今日は火曜日 今日は火曜日／火曜日は スパゲティを食べよう／月曜日は さやいんげん／はらぺこの子どもたちみんな／おいで たいらげよう

今日は水曜日 今日は水曜日／水曜日は スープを飲もう／火曜日は スパゲティ／月曜日は さやいんげん／はらぺこの子どもたちみんな／おいで たいらげよう

今日は木曜日 今日は木曜日／木曜日は ローストビーフを食べよう／水曜日は スープ／火曜日は スパゲティ／月曜日は さやいんげん／はらぺこの子どもたちみんな／おいで たいらげよう

今日は金曜日 今日は金曜日／金曜は 新鮮な魚を食べよう／木曜日は ローストビーフ／水曜日は スープ／火曜日は スパゲティ／月曜日は さやいんげん／はらぺこの子どもたちみんな／おいで たいらげよう

今日は土曜日 今日は土曜日／土曜日は チキンを食べよう／金曜は 新鮮な魚／木曜日は ローストビーフ／水曜日は スープ／火曜日は スパゲティ／月曜日は さやいんげん／はらぺこの子どもたちみんな／おいで たいらげよう

今日は日曜日 今日は日曜日／日曜日は アイスクリームを食べよう／土曜日は チキン／金曜は 新鮮な魚／木曜日は ローストビーフ／水曜日は スープ／火曜日は スパゲティ／月曜日は さやいんげん／はらぺこの子どもたちみんな／おいで たいらげよう／はらぺこの子どもたちみんな／おいで たいらげよう

 CD2-4

Old MacDonald Had a Farm

／ゆかいなまきば

アメリカ民謡　編曲：小森昭宏
うた：ケント・チルドレンズ・コラール

Old　MacDonald had a farm,
オゥルド　マァクダァナルド　ハァダァ　ファーム
E-I-E-I-O!
イーアィイーアィオゥ
And on his　farm　he had　some chicks,
アン　オン　ヒィズ　ファーム　ヒィ　ハァド　サァム　チィクス
E-I-E-I-O!
イーアィイーアィオゥ
With a chick, chick here,
ウィずァ　チィク　チィク　ヒィア
And a chick, chick there,
アンダァ　チィク　チィク　ゼェア
Here a chick, there a chick,
ヒィアラァ　チィク　ゼェアラァ　チィク
Everywhere a　chick, chick,
エヴリゥエア　ア　チィク　チィク
Old　MacDonald had a farm,
オゥルド　マァクダァナルド　ハァダァ　ファーム
E-I-E-I-O!
イーアィイーアィオゥ

Old　MacDonald had a farm,
オゥルド　マァクダァナルド　ハァダァ　ファーム
E-I-E-I-O!
イーアィイーアィオゥ
And on his　farm　he had some ducks,
アン　オン　ヒィズ　ファーム　ヒィ　ハァド　サァム　ダゥクス
E-I-E-I-O!
イーアィイーアィオゥ
With a quack, quack　here,
ウィずァ　クゥワク　クゥワク　ヒィア
And a quack, quack　there,
アンダァ　クゥワク　クゥワク　ゼェア
Here a quack,　there a quack,
ヒィアラァ　クゥワク　ゼェアラァ　クゥワク
Everywhere a　quack, quack,
エヴリゥエア　ア　クゥワク　クゥワク
Old　MacDonald had a farm,
オゥルド　マァクダァナルド　ハァダァ　ファーム
E-I-E-I-O!
イーアィイーアィオゥ

Old　Macdonald had a farm,
オゥルド　マァクダァナルド　ハァダァ　ファーム
E-I-E-I-O!
イーアィイーアィオゥ
And on his　farm　he had　some turkeys,
アン　オン　ヒィズ　ファーム　ヒィ　ハァド　サァム　タァーキィズ
E-I-E-I-O!
イーアィイーアィオゥ

With a gobble, gobble here,
ウィ ず ァ　ガ ァ ブ ル　ガ ァ ブ ル　ヒ ィ ァ

And a gobble, gobble there,
ア ン ダ ァ　ガ ァ ブ ル　ガ ァ ブ ル　ゼ ェ ァ

Here a gobble, there a gobble,
ヒ ィ ァ ラ ァ　ガ ァ ブ ル　ゼ ェ ァ ラ ァ　ガ ァ ブ ル

Everywhere a　gobble, gobble,
エ ヴ リ ゥ エ ァ　ア　ガ ァ ブ ル　ガ ァ ブ ル

Old　Macdonald had a farm,
オ ゥ ル ド　マ ァ ク ダ ァ ナ ル ド　ハ ァ ダ ァ　ファ ー ム

E-I-E-I-O!
イ ー ア ィ イ ー ア ィ オ ゥ

Old　MacDonald had a farm,
オ ゥ ル ド　マ ァ ク ダ ァ ナ ル ド　ハ ァ ダ ァ　ファ ー ム

E-I-E-I-O!
イ ー ア ィ イ ー ア ィ オ ゥ

And on　his　farm　he had　some pigs,
ア ン　オ ン　ヒ ィ ズ　ファ ー ム　ヒ ィ　ハ ァ ド　サ ァ ム　ピ ィ グ ズ

E-I-E-I-O!
イ ー ア ィ イ ー ア ィ オ ゥ

With a hoink, hoink here,
ウィ ず ァ　フ ォ イ ン　フ ォ イ ン　ヒ ィ ァ

And hoink, hoink there,
ア ン　フ ォ イ ン　フ ォ イ ン　ゼ ェ ァ

Here a hoink, there a hoink,
ヒ ィ ァ ラ ァ　フ ォ イ ン　ゼ ェ ァ ラ ァ　フ ォ イ ン

Everywhere a　hoink, hoink,
エ ヴ リ ゥ エ ァ　ア　フ ォ イ ン　フ ォ イ ン

Old　MacDonald had a farm,
オ ゥ ル ド　マ ァ ク ダ ァ ナ ル ド　ハ ァ ダ ァ　ファ ー ム

E-I-E-I-O!
イ ー ア ィ イ ー ア ィ オ ゥ

Old　MacDonald had a farm,
オ ゥ ル ド　マ ァ ク ダ ァ ナ ル ド　ハ ァ ダ ァ　ファ ー ム

E-I-E-I-O!
イ ー ア ィ イ ー ア ィ オ ゥ

And on　his　farm　he had some cows,
ア ン　オ ン　ヒ ィ ズ　ファ ー ム　ヒ ィ　ハ ァ ド　サ ァ ム　カ ァ ウ ズ

E-I-E-I-O!
イ ー ア ィ イ ー ア ィ オ ゥ

With a moo, moo here,
ウィ ず ァ　ム ゥ ー　ム ゥ ー　ヒ ィ ァ

And moo, moo there,
ア ン　ム ゥ ー　ム ゥ ー　ゼ ェ ァ

Here a moo, there a moo,
ヒ ィ ァ ラ ァ　ム ゥ ー　ゼ ェ ァ ラ ァ　ム ゥ ー

Everywhere a　moo, moo,
エ ヴ リ ゥ エ ァ　ア　ム ゥ ー　ム ゥ ー

Old　MacDonald had a farm,
オ ゥ ル ド　マ ァ ク ダ ァ ナ ル ド　ハ ァ ダ ァ　ファ ー ム

E-I-E-I-O!
イ ー ア ィ イ ー ア ィ オ ゥ

［対訳］

マクドナルドじいさんは農場をもっている／イー　アイ　イー　アイ　オウ／農場にはヒヨコがいる／イー　アイ　イー　アイ　オウ／こっちで　ピヨ　ピヨ／あっちで　ピヨ　ピヨ／こっちで　ピヨ　あっちで　ピヨ／そこらじゅうで　ピヨ　ピヨ／マクドナルドじいさんは農場をもっている／イー　アイ　イー　アイ　オウ

マクドナルドじいさんは農場をもっている／イー　アイ　イー　アイ　オウ／農場にはアヒルがいる／イー　アイ　イー　アイ　オウ／こっちで　ガーガー　ガーガー／あっちで　ガーガー　ガーガー／こっちで　ガーガー　あっちで　ガーガー／そこらじゅうで　ガーガー　ガーガー／マクドナルドじいさんは農場をもっている／イー　アイ　イー　アイ　オウ

マクドナルドじいさんは農場をもっている／イー　アイ　イー　アイ　オウ／農場には七面鳥がいる／イー　アイ　イー　アイ　オウ／こっちで　ゴロゴロ　ゴロゴロ／あっちで　ゴロゴロ　ゴロゴロ／こっちで　ゴロゴロ　あっちで　ゴロゴロ／そこらじゅうで　ゴロゴロ　ゴロゴロ／マクドナルドじいさんは農場をもっている／イー　アイ　イー　アイ　オウ

マクドナルドじいさんは農場をもっている／イー　アイ　イー　アイ　オウ／農場には豚がいる／イー　アイ　イー　アイ　オウ／こっちで　ブー　ブー／あっちで　ブー　ブー／こっちで　ブー　あっちで　ブー／そこらじゅうで　ブー　ブー／マクドナルドじいさんは農場をもっている／イー　アイ　イー　アイ　オウ

マクドナルドじいさんは農場をもっている／イー　アイ　イー　アイ　オウ／農場には牛がいる／イー　アイ　イー　アイ　オウ／こっちで　モー　モー／あっちで　モー　モー／こっちで　モー　あっちで　モー／そこらじゅうで　モー　モー／マクドナルドじいさんは農場をもっている／イー　アイ　イー　アイ　オウ

🔊 CD2-5

Under the Spreading Chestnut Tree
／大きなくりの木の下で
英語のあそびうた　編曲：若松正司
うた：クロイ・マリー・マクナマラ

★ Under the spreading chestnut tree
ア ン ダ ァ　ざ　ス プ レ ェ ディ ン　チェ ス ナ ァ ト　ト ゥ リ ィ ー

There we sit　both　you and me.
ゼ ェ ァ　ウィ　シ ィ ト　ボ ォ ゥ す　ユ ゥ　ア ン　ミ ィ

Oh, how　happy we would be,
オ ゥ　ハ ァ ウ　ハ ァ ピ ィ　ウィ　ゥ ワ ゥ ド　ビ ィ

Under the spreading chestnut tree.
ア ン ダ ァ　ざ　ス プ レ ェ ディ ン　チェ ス ナ ァ ト　ト ゥ リ ィ ー

★繰り返し

Under the spreading coconut tree
ア ン ダ ァ　ざ　ス プ レ ェ ディ ン　コ ォ ゥ コ ナ ァ ト　ト ゥ リ ィ ー

There we sit　both　you and me.
ゼ ェ ァ　ウィ　シ ィ ト　ボ ォ ゥ す　ユ ゥ　ア ン　ミ ィ

Oh, how　happy we would be,
オ ゥ　ハ ァ ウ　ハ ァ ピ ィ　ウィ　ゥ ワ ゥ ド　ビ ィ

Under the spreading coconut　tree.
ア ン ダ ァ　ざ　ス プ レ ェ ディ ン　コ ォ ゥ コ ナ ァ ト　ト ゥ リ ィ ー

★2回繰り返し

［対訳］
大きなくりの木の下で／あなたとわたしの二人で一緒にすわって／なんて 楽しいんでしょう／大きなくりの木の下で

大きなココナッツの木の下で／あなたとわたしの二人で一緒にすわって／なんて 楽しいんでしょう／大きなココナッツの木の下で

CD2-6
Row, Row, Row Your Boat
／こげこげボート
英語のあそびうた　編曲：青木 望
うた：キャロライン・アテレード、ダフネ・シェパード、ケント・チルドレンズ・コラール

★ Row, row, row your boat,
　ゥロォウ　ゥロォウ　ゥロォウ　ユア　ボォウト
Gently down the stream.
ヂェントリィ　ダウン　ざ　ストゥリーム
Merrily, merrily, merrily, merrily,
メェリィリィ　メェリィリィ　メェリィリィ　メェリィリィ
Life is but a dream.
ラァイフ　イズ　バァタァ　ドゥリィーム

★繰り返し

［対訳］
ボートをこいで こいで こいで
ゆっくり川を下ろう
ゆかいだ ゆかいだ ゆかいだ ゆかいだ
人生は夢のようだ

CD2-7
Mary Had a Little Lamb
／メリーさんのひつじ
アメリカ民謡　編曲：川辺 真
うた：キャロライン・アテレード、ケント・チルドレンズ・コラール

Mary had a little lamb,
メェリィ　ハァダァ　リィトル　ラァム
Little lamb, little lamb,
リィトル　ラァム　リィトル　ラァム
Mary had a little lamb,
メェリィ　ハァダァ　リィトル　ラァム
Its fleece was white as snow.
イッ　フリィース　ゥワズ　ゥワイト　アズ　スノォウ

And everywhere that Mary went,
アン　エヴリゥエア　ざァト　メェリィ　ゥウェント
Mary went, Mary went,
メェリィ　ゥウェント　メェリィ　ゥウェント
And everywhere that Mary went,
アン　エヴリゥエア　ざァト　メェリィ　ゥウェント
That lamb was sure to go.
ざァト　ラァム　ゥワズ　シゥア　トゥ　ゴォウ

It followed her to school one day,
イト　ファロォウ　ハァ　トゥ　スクゥール　ゥワン　デェイ
School one day, school one day,
スクゥール　ゥワン　デェイ　スクゥール　ゥワン　デェイ
It followed her to school one day,
イト　ファロォウ　ハァ　トゥ　スクゥール　ゥワン　デェイ
That was against the rules.
ざァト　ゥワズ　アゲェインス　ざ　ゥルゥールズ

It made the children laugh and play,
イト　メェイド　ざ　チィルドゥレン　ラァフ　アン　プレェイ
Laugh and play, laugh and play,
ラァフ　アン　プレェイ　ラァフ　アン　プレェイ
It made the children laugh and play,
イト　メェイド　ざ　チィルドゥレン　ラァフ　アン　プレェイ
To see the lamb at school.
トゥ　スィー　ざ　ラァム　アト　スクゥール

［対訳］
メリーには 子羊がいる／子羊 子羊／メリーには 子羊がいる／羊毛は雪のように真っ白だ

それでメリーが行くところ／行くところ 行くところ どこにでも／メリーが行くところどこにでも／子羊は必ずついて行く

ある日　子羊は学校までついてきた／ある日　学校まで　ある日　学校まで／ある日　子羊は学校までついてきた／子羊を連れてきちゃ いけないんだよ

子どもたちは笑って 遊んで／笑って 遊んで 笑って 遊んで／子どもたちは笑って 遊んで／子羊が学校にいるなんて

CD2-8

London Bridge ／ロンドンばし

英語のあそびうた　編曲：有澤孝紀
うた：ジェフ・マニング、黒田久美子、ブルー・ストリームズ

★London Bridge is falling　down
　ロォンドン　ブリィヂィズ　フォーリィン　ダァウン
Falling　down, falling　down
　フォーリィン　ダァウン　フォーリィン　ダァウン
London Bridge is falling　down
　ロォンドン　ブリィヂィズ　フォーリィン　ダァウン
My　fair　lady
　マァイ　フェア　レェィディ

★繰り返し

［対訳］
ロンドン橋　落ちる
落ちる　落ちる
ロンドン橋　落ちる
すてきな　お嬢さん

CD2-9

Yankee Doodle ／ヤンキー・ドゥードゥル

アメリカ民謡　編曲：佐橋俊彦
うた：セント・ジョン・フィッシャーR.C. J.M.I.小学校の子どもたち

O' Yankee Doodle, went to　town
　オ　ヤァンキィ　ドゥードゥル　ウエント　トゥ　タァウン
Upon a little　pony
　アポォナァ　リィトル　ポォゥニィ
And there he saw　the men and boys
　アン　ゼェア　ヒィ　ソォー　ザ　メェン　アン　ボォィズ
All　eating　macaroni
　オール　イーティン　マァカロォゥニ

★Yankee Doodle, keep it　up
　ヤァンキィ　ドゥードゥル　キィーピィト　アプ
Yankee Doodle, dandy
　ヤァンキィ　ドゥードゥル　ダァンディ
Mind　the music　and the step
　マァインド　ザ　ミューズィク　アン　ザ　ステェプ
And with　the girls　be handy
　アン　ウィズ　ザ　グェーゥルズ　ビ　ハァンディ

And there we saw a　thousand men
　アン　ゼェア　ウィ　ソォー　ア　サァウザンド　メェン
As　rich　as　Squire　David
　アズ　リィチ　アズ　スクワァィア　デェイヴド
And what　they wasted　every　day
　アン　ウワィアト　ゼェィ　ウエィステト　エヴリィ　デェィ
I　wish it　could be saved
　アィ　ウィシィト　クゥド　ビ　セェイヴ

★繰り返し

It　scared me, so I　hooked it　off
　イト　スケァド　ミィ　ソォゥ　アィ　フゥクト　イト　オフ
Nor stopped, as I　remember
　ノォア　スタァプト　アズ　アィ　ゥリィメェンバァ
Nor turned　about, till I　got home
　ノォア　タァーンド　アパァウト　ティル　アィ　ガァト　ホォゥム
Into　my　mother's　chamber
　イントゥ　マァィ　マァザァズ　チェィンバァ

★繰り返し

［対訳］
ヤンキー・ドゥードゥルは　町に行った／子馬に乗って／そこでは　大人も男の子も／みんな　マカロニを食べていた
ヤンキー・ドゥードゥル　がんばれ／ヤンキー・ドゥードゥル　かっこいい／音楽にあわせ　ステップをふんで／女の子がやってくる
そこでは　千人の人を見た／地主のデイビッドみたいに金持ちは／毎日むだづかい／ためておけばいいのになぁ
こわくなって　逃げ帰った／覚えているのは　たちどまらず／ふりかえらずに　家について／お母さんの部屋に　飛び込むまで

20

🔵 CD2-10

Goin' to the Zoo／動物園へ行こう

作詞・作曲：T.パクストン　編曲：淡海悟郎
うた：クロイ・マリー・マクナマラ、ブルー・ストリームズ

Daddy's takin' us　to the zoo tomorrow,
ダァディス　テェイキンナァス トゥ　ざ　ズゥー トマァロォゥ
Zoo tomorrow, zoo tomorrow.
ズゥー トマァロォゥ　　ズゥー トマァロォゥ
Daddy's takin' us　to the zoo tomorrow,
ダァディス　テェイキンナァス トゥ　ざ　ズゥー トマァロォゥ
We can stay　all　day.
ウィ キャン ステェイ オール　デェイ

★ We're goin' to the zoo, zoo, zoo.
　 ウィァ　　ゴォイ トゥ ざ　ズゥー ズゥー ズゥー
How about you, you, you?
ハァゥ アバァゥト ユゥ ユゥ　ユゥ
You can come too, too, too,
ユゥ キャン カァム　トゥ トゥ トゥ
We're goin' to the zoo, zoo, zoo.
ウィァ　　ゴォイ トゥ ざ　ズゥー ズゥー ズゥー

See　the elephant with
スィー　じ　エレファント　ウィず
The long trunk swingin',
ざ　ロォン チュランク スウィンギィン
Great big ears and long trunk swingin',
グレェト ビィグ イァズ アン ロォン トゥランク スゥインギィン
Snuffin' up　peanuts with
スナァフィンナァブ ピィーナァッ ウィず
The long trunk swingin',
ざ　ロォン トゥランク スウィンギィン
We can stay　all　day.
ウィ キャン ステェイ オール デェイ

★繰り返し

See all　the monkeys scritch,
スィー オール ざ　マァンキィズ スクリィチ
Scritch, scratchin',
スクリィチ スクラァチィン
Jumpin' all　around and scritch,
ヂャンピィン オール アラァゥンド アン　スクリィチ
Scritch, scratchin',
スクリィチ スクラァチィン
Hangin' by　their long tails
ハァンギィン バァイ ゼェア ロォング テェイルズ
Scritch, scritch, scratchin',
スクリィチ スクリィチ スクラァチィン
We can stay　all　day.
ウィ キャン ステェイ オール デェイ

★繰り返し

Seals in the pool all　honk, honk, honkin',
スィールズ イン ざ　プゥール オール ハァンク　ハァンク ハァンキィン

Catchin' fish　and honk, honk, honkin',
キャチィン　フィシィ　アン ハァンク ハァンク ハァンキィン
Little seals　honk, honk, honkin',
リィトル スィールズ オンク　オンク　オンク※
We can stay　all　day.
ウィ キャン ステェイ オール デェイ

★繰り返し

We stayed all　day and I'm gettin' sleepy,
ウィ ステェイ　オール デェイ アン　アィム ゲティン スリィーピィ
Sittin' in　the car　gettin' sleep,
スィティニィン ざ　カァー ゲティン スリィーブ
sleep, sleepy,
スリィーブ スリィーピィ
Home already　and I'm sleep,
ホォゥム　オールレェディ アン　アィム スリィーブ
sleep, sleepy,
スリィーブ スリィーピィ
We have stayed all　day,
ウィ ハァヴ ステェイダダァール デェイ
We've been to the zoo, zoo, zoo.
ウィヴ　　ビィーン トゥ ざ　ズゥー ズゥー ズゥー
How about you, you, you?
ハァゥ アバァゥト ユゥ ユゥ　ユゥ
You came too, too, too,
ユゥ ケェイム トゥ トゥ トゥ
We've been to the zoo, zoo, zoo.
ウィヴ　　ビィーン トゥ ざ　ズゥー ズゥー ズゥー

［対訳］

明日 パパが動物園につれて行ってくれるの／明日は動物園 明日は
動物園／明日 パパが動物園につれて行ってくれるの／一日中いて
いいんだって

動物園に行くんだよ 動物園 動物園／君も行く？ 行く？ 行く？／一緒に
行こうよ／明日行くよ 動物園 動物園 動物園

長いはなをゆらしている象を見て／とっても大きな耳と長いはなをゆらしてい
る／ピーナッツをつまんでいるよ／大きなはなをゆらしながら／一日中いてい
いんだって

ひっかいている猿を見て／かいて　かいて／とびまわってかいて／かいて
かいて／長いしっぽでぶらさがって／かいて　かいて かきまくる／一日中い
ていいんだって

プールのオットセイはハンク　ハンク　ハンクとないている／魚をつかまえ、
ハンク　ハンク　ハンク／子どものオットセイは オンク　オンク　オンク／一
日中いていいんだって

一日中いて　ねむくなってきた／車の座席で　ねむ／ねむ　ねむ／家につい
ても　ねむ／ねむ　ねむ／一日中いたよ／行ったよ 動物園 動物園 動物
園／君はどう？ どう？ どう？／君も来たよ 来たよね、来たよね／動物園
に行ったんだよ

※歌と歌詞が違っていますが、ここでは歌のカナ表記を示しています。

CD2-11

The Bear /もりのくまさん
英語のあそびうた　編曲：淡海悟郎
うた：クロイ・マリー・マクナマラ、ブルー・ストリームズ

The other day, I met a bear,
ジ　アザァ　デェイ　アイ　メタァ　ベェア
A way up there, a great big bear,
アウェイ　アプ　ゼェア　ア　グレェイト　ビィグ　ベェア
The other day, I met a bear,
ジ　アザァ　デェイ　アイ　メタァ　ベェア
A great big bear a way up there.
ア　グレェイト　ビィグ　ベェア　アウェイ　アプ　ゼェア

He looked at me, I looked at him,
ヒィ　ルゥクト　アト　ミィ　アイ　ルゥクト　アト　ヒム
He sized up me, I sized up him,
ヒィ　サァイズド　アプ　ミィ　アイ　サァイズド　アプ　ヒム
He looked at me, I looked at him,
ヒィ　ルゥクト　アト　ミィ　アイ　ルゥクト　アト　ヒム
He sized up me, I sized up him.
ヒィ　サァイズド　アプ　ミィ　アイ　サァイズド　アプ　ヒム

And so I ran away from there,
アン　ソォウ　アイ　ラァン　アウェイ　フロォム　ゼェア
And right behind me was that bear,
アン　ゥラァイト　ビハァインド　ミィ　ゥワァズ　ザァト　ベェア
And so I ran away from there,
アン　ソォウ　アイ　ラァン　アウェイ　フロォム　ゼェア
And right behind me was that bear.
アン　ゥラァイト　ビハァインド　ミィ　ゥワァズ　ザァト　ベェア

Ahead of me I saw a tree,
アヘェドゥ　ミィ　アイ　ソォー　ア　トゥリィー
A great big tree, oh, golly gee,
ア　グレェイト　ビィグ　トゥリィー　オゥ　ゴォリィ　ヂィー
Ahead of me there was a tree,
アヘェドゥ　ミィ　ゼェア　ゥワァズ　ア　トゥリィー
A great big tree, oh, golly gee.
ア　グレェイト　ビィグ　トゥリィー　オゥ　ゴォリィ　ヂィー

The lowest branch was ten feet up,
ザ　ロォウエスト　ブラァンチ　ゥワァズ　テェン　フィート　アプ
I had to jump and trust my luck,
アィ　ハァド　トゥ　ヂャンプ　アン　トゥラァスト　マァイ　ラァク
The lowest branch was ten feet up,
ザ　ロォウエスト　ブラァンチ　ゥワァズ　テェン　フィート　アプ
I had to jump and trust my luck.
アィ　ハァド　トゥ　ヂャンプ　アン　チュラァスト　マァイ　ラァク

〔対訳〕
この間 クマに会った／あっちのほうに とても大きなクマがいた／この間 クマに会った／あっちのほうに とても大きなクマがいた

クマは私を見て 私はクマを見た／クマは私の様子をうかがい 私はクマの様子をうかがった／クマは私を見て 私はクマを見た／クマは私の様子をうかがい 私はクマの様子をうかがった

そして私は そこから逃げ出した／私の真後ろには そのクマがいた／そして私は そこから逃げ出した／私の真後ろには そのクマがいた

私の目の前に 木があった／とっても大きな木があった さぁいそげ／私の目の前に 木があった／とっても大きな木があった さぁいそげ

一番低い枝は 10フィート／ジャンプをして 運にまかせた／一番低い枝は 10フィート／ジャンプをして 運にまかせた

CD2-12

The Wheels on the Bus
/バスのうた
英語のあそびうた　編曲：川辺 真
うた：レイチェル・ウォルシュ、セント・ジョン・フィッシャー、R.C. J.M.I.小学校の子どもたち

The wheels on the bus
ざ　ウィールゾン　ざ　バァス
Go round and round,
ゴォウ　ラァウンド　アン　ラァウンド
Round and round,
ラァウンド　アン　ラァウンド
Round and round.
ラァウンド　アン　ラァウンド
The wheels on the bus
ざ　ウィールゾン　ざ　バァス
Go round and round,
ゴォウ　ラァウンド　アン　ラァウンド
All day long.
オール　デェイ　ロォング

The wipers on the bus
ざ ゥワイパァゾン ざ バァス
Go swish, swish, swish,
ゴウ スウィシゥ スウィシゥ スウィシゥ
Swish, swish, swish,
スウィシゥ スウィシゥ スウィシゥ
Swish, swish, swish,
スウィシゥ スウィシゥ スウィシゥ
The wipers on the bus
ざ ゥワイパァゾン ざ バァス
Go swish, swish, swish,
ゴウ スウィシゥ スウィシゥ スウィシゥ
All day long.
オール デェイ ロォング

The driver on the bus
ざ ドゥラァイヴァ オン ざ バァス
Goes Toot! Toot! Toot!
ゴーズ トゥート トゥート トゥート
Toot! Toot! Toot!
トゥート トゥート トゥート
Toot! Toot! Toot!
トゥート トゥート トゥート
The driver on the bus
ざ ドゥラァイヴァ オン ざ バァス
Goes Toot! Toot! Toot!
ゴーズ トゥート トゥート トゥート
All day long.
オール デェイ ロォング

The children on the bus
ざ チィルドゥレン オン ざ バァス
Make TOO MUCH NOISE!
メェイク トゥ マァチ ノォイズ
TOO MUCH NOISE!
トゥ マァチ ノォイズ

TOO MUCH NOISE!
トゥ マァチ ノォイズ
The children on the bus
ざ チィルドゥレン オン ざ バァス
Make TOO MUCH NOISE!
メェイク トゥ マァチ ノォイズ
All day long.
オール デェイ ロォング

The babies on the bus
ざ ベェイビィズ オン ざ バァス
Fall fast asleep,
フォール ファスト アスリィープ
Fast asleep, fast asleep.
ファスト アスリィープ ファスト アスリィープ
The babies on the bus
ざ ベェイビィズ オン ざ バァス
Fall fast asleep,
フォール ファスト アスリィープ
All day long.
オール デェイ ロォング

The wheels on the bus
ざ ウィールゾン ざ バァス
Go round and round,
ゴウ ラァウンド アン ラァウンド
Round and round,
ラァウンド アン ラァウンド
Round and round.
ラァウンド アン ラァウンド
The wheels on the bus
ざ ウィールゾン ざ バァス
Go round and round,
ゴウ ラァウンド アン ラァウンド
All day long.
オール デェイ ロォング

〔対訳〕

バスの車輪は／グルグルまわる／グルグル グルグル／グルグル グルグル／バスの車輪は／グルグルまわる／一日中

バスのワイパーは／シュ シュ シュとまわる／シュ シュ シュ／シュ シュ シュ／バスのワイパーは／シュ シュ シュとまわる／一日中

バスの運転手は／クラクションを鳴らす プー プー プー／プー プー プー／プー プー プー／バスの運転手は／クラクションを鳴らす プー プー プー／一日中

バスに乗っている子どもたちは／大騒ぎ／大騒ぎ／大騒ぎ／バスの子どもたちは／大騒ぎ／一日中

バスに乗っている赤ちゃんは／すやすや／すやすや すやすや／バスに乗っている赤ちゃんは／すやすや／一日中

バスの車輪は／グルグルまわる／グルグル グルグル／グルグル グルグル／バスの車輪は／グルグルまわる／一日中

CD2-13

I've Been Working on the Railroad ／線路はつづくよどこまでも

アメリカ民謡　編曲：たかしまあきひこ
うた：アメリカン・スクール児童

★I've been working on the railroad,
　アィヴ　ビーン　ウワーキィング　オン　ざ　ウレェィルロォウド
All the live-long day,
オール　ざ　リィヴロォング　デェィ
I've been working on the railroad,
アィヴ　ビーン　ウワーキィング　オン　ざ　ウレェィルロォウド
Just to pass the time away.
ヂャスト　トゥ　パス　ざ　タイム　アウェィ
Don't you hear the whistle blowing,
ドォンチュ　ヒィァ　ざ　ウイスル　ブロォウィング
Rise up so early in the morn.
ラァイズ　アプ　ソォウ　アーリィ　イン　ざ　モォーン
Don't you hear the captain shouting,
ドォンチュ　ヒィァ　ざ　キァプテン　シァゥティング
"Dinah, blow your horn!"
ダイナ　ブロォウ　ユゥァ　ホォーン

Dinah, won't you blow,
ダイナ　ゥウォンチュ　ブロォウ
Dinah, won't you blow,
ダイナ　ゥウォンチュ　ブロォウ
Dinah, won't you blow your horn?
ダイナ　ゥウォンチュ　ブロォウ　ユゥァ　ホォーン
Dinah, won't you blow,
ダイナ　ゥウォンチュ　ブロォウ
Dinah, won't you blow,
ダイナ　ゥウォンチュ　ブロォウ
Dinah, won't you blow your horn?
ダイナ　ゥウォンチュ　ブロォウ　ユゥァ　ホォーン

Someone's in the kitchen with Dinah,
サムワン　イン　ざ　キッチン　ウィず　ダイナ
Someone's in the kitchen I know.
サムワン　イン　ざ　キッチン　アィ　ノォーゥ
Someone's in the kitchen with Dinah,
サムワン　イン　ざ　キッチン　ウィず　ダイナ
Strumming on the old banjo.
スチュラァミィング　オン　ざ　オゥルド　バァンヂォウ

★繰り返し

〔対訳〕
ぼくは線路の上で働いている／一日中／ぼくは線路の上で働いている／あっという間に　時間が過ぎていく／汽笛が聞こえないか／朝早く起きろという／キャプテンの叫び声が聞こえないか／「ダイナ　汽笛をふけ」という

ダイナ　ふけ／ダイナ　ふけ／ダイナ　汽笛をふけ／ダイナ　ふけ／ダイナ　ふけ／ダイナ　汽笛をふけ

誰かがダイナと一緒にキッチンにいる／誰かがキッチンにいるんだよ／誰かがダイナと一緒にキッチンにいる／古いバンジョーを　ならしながら

 CD2-14

Everyone Is Special ／エブリワン・イズ・スペシャル

作詞・作曲：P. A. パーカー　編曲：塚山エリコ
うた：ラティナ・キッズ

※楽曲原権利者との関係で掲載を見合わせております。

The Alphabet ／アルファベットのうた
CD2-15

英語のあそびうた　編曲：有澤孝紀
うた：クロイ・マリー・マクナマラ、ASIJキッズ

★A, B, C, D, E, F, G,
　エィ ビィー シィー ディー イー エフ ヂィー
H, I, J, K, L, M, N, O, P,
エィチ アィ ヂェイ ケィ エル エム エン オゥ ピィー
Q, R, S and T, U, V,
キュー アール エス アン ティー ユゥー ヴィー
W and X, Y, Z,
ダァブリュ アン エクス ウァイ ズィー
Now I know my A B C's
ナァゥ アィ ノゥ マァィ エィ ビィー シィーズ
Next time won't you sing with me.
ネクスト タィム ウォント ユゥ スィング ウィず ミィー

★繰り返し

〔対訳〕
ABCDEFG／HIJKLMNOP／QRSとTUV／Wと
XYZ／さあ ぼくはABCがわかる／次はぼくといっしょに歌おう

BINGO ／ビンゴ
CD2-16

英語のあそびうた　編曲：高田 弘
うた：ラティナ・キッズ

"BINGO, come here!"
　ビィンゴゥ カァム ヒィア
"Arf Arf!"
　アーフ アーフ

★There was a farmer had a dog,
　ゼェア ゥワァザァ ファーマァ ハァダァ ドォグ
And Bingo was his name O!
アン ビィンゴゥ ゥワァズ ヒィズ ネェイム オゥ
B- I- N- G- O*,
ビィー アィ エン ヂィー オゥ
B- I- N- G- O,
ビィー アィ エン ヂィー オゥ
B- I- N- G- O,
ビィー アィ エン ヂィー オゥ
And Bingo was his name O!
アン ビィンゴゥ ゥワァズ ヒィズ ネェイム オゥ

★繰り返し

*【2ばん】× - I- N- G- O
　　　　　 × アィ エン ヂィー オゥ
*【3ばん】× - × - N- G- O
　　　　　 × × エン ヂィー オゥ
*【4ばん】× - × - × - G- O
　　　　　 × × × ヂィー オゥ
*【5ばん】× - × - × - × - O
　　　　　 × × × × オゥ
*【6ばん】× - × - × - × - ×
　　　　　 × × × × ×
*【7ばん】B- I- N- G- O
　　　　　 ビィー アィ エン ヂィー オゥ

〔対訳〕
ビンゴ ここにおいで！／わん わん
農夫が犬を飼っていた／名前はビンゴ／BINGO／BINGO
／BINGO／それが犬の名前だよ

CD2-17

Hello, Hello, What's Your Name? ／こんにちは、おなまえは?

英語のあそびうた　編曲：塚山エリコ
うた：ラティナ・キッズ

"Please say your name."
プリィーズ　セェイ　ユァ　ネェイム

★ Hello, Hello, what's your name?
ハァロォゥ　ハァロォゥ　ゥワァチュア　　　ネェイム
What's your name?
ゥワァチュア　　　ネェイム
What's your name?
ゥワァチュア　　　ネェイム
Hello, Hello, what's your name?
ハァロォゥ　ハァロォゥ　ゥワァチュア　　　ネェイム
My name is (name*)
マァイ　ネェイム　イズ（*名前を入れる）

★繰り返し

［対訳］
お名前をいってごらん
こんにちは　こんにちは　お名前は何ですか？／お名前は何ですか？／お名前は何ですか？／こんにちは　こんにちは　お名前は何ですか？／私の名前は（名前）

CD2-18

How Do You Do? ／はじめまして

作詞・作曲：E.D.バーモン　編曲：小森昭宏
うた：ケント・チルドレンズ・コラール

★ How do you do?
ハァゥ　ドゥー　ユゥ　ドゥー
How do you do?
ハァゥ　ドゥー　ユゥ　ドゥー
I'm very pleased to meet you,
アィム　ヴェリ　プリィーズド　トゥ　ミィーチュ
I'm very pleased to meet you,
アィム　ヴェリ　プリィーズド　トゥ　ミィーチュ
How do you do?
ハァゥ　ドゥー　ユゥ　ドゥー
How do you do?
ハァゥ　ドゥー　ユゥ　ドゥー

★繰り返し

［対訳］
はじめまして／はじめまして／お会いできてうれしいな／お会いできてうれしいな／はじめまして／はじめまして

CD2-19

Good Morning to You ／おはよう

英語のあそびうた　編曲：川辺 真
うた：ダフネ・シェパード、ケント・チルドレンズ・コラール

★ Good morning, good morning,
グゥド　モォーニィング　グゥド　モォーニィング
Good morning to you
グゥド　モォーニィング　トゥ　ユゥ
Good morning, good morning,
グゥド　モォーニィング　グゥド　モォーニィング
And, how do you do?
アン　ハァゥ　ドゥー　ユゥ　ドゥー

★繰り返し

［対訳］
おはよう　おはよう
みなさん　おはよう
おはよう　おはよう
はじめまして

CD2-20

Hello Song ／こんにちは

英語のあそびうた　編曲：赤坂東児
うた：サイド・ストリート・キッズ

★ Hello! Hello!
ハァロォゥ　ハァロォゥ
Hello, how are you?
ハァロォゥ　ハァゥ　ア　ユゥ
I'm fine, I'm fine
アィム　ファイン　アィム　ファイン
I hope that you are, too
アィ　ホォゥブ　ざァチュ　ア　トゥ

★繰り返し

［対訳］
こんにちは　こんにちは
こんにちは　お元気ですか？
元気です　元気です
君も元気だといいな

Sunday, Monday, Tuesday
／日ようび、月ようび、火ようび
英語のあそびうた　編曲：塚山エリコ
うた：ブライアン・ベック

★ Sunday, Monday, Tuesday,
　サァンデェイ　マァンデェイ　チゥーズデェイ
Wednesday, Thursday,
ゥウェンズデェイ　　さァーズデェイ
Thursday, Friday,　Saturday,
さァーズデェイ　フラァイデェイ　スァタァデェイ
Sunday　comes again
サァンデェイ　カァムズ　アゲェイン

★２回繰り返し

Sunday, Monday, Tuesday,
　サァンデェイ　マァンデェイ　チゥーズデェイ
Wednesday, Thursday,
ゥウェンズデェイ　　さァーズデェイ
Thursday, Friday,　Saturday,
さァーズデェイ　フラァイデェイ　スァタァデェイ
"Every week"
　エヴリィ　ウィーク
Sunday　comes again
サァンデェイ　カァムズ　アゲェイン

［対訳］
日曜日　月曜日　火曜日／水曜日　木曜日／木曜日　金曜日　土曜日／日曜日がまた来る

日曜日　月曜日　火曜日／水曜日　木曜日／木曜日　金曜日　土曜日／（毎週）／日曜日がまたくる

Seven Steps ／セブン・ステップス
英語のあそびうた　編曲：松井忠重
うた：クロイ・マリー・マクナマラ

★ One, two, three, four, five, six,　seven
　ゥワン　トゥー　すリィー　フォー　ファイヴ　シイクス　セェヴン
One, two, three, four, five, six,　seven
ゥワン　トゥー　すリィー　フォー　ファイヴ　シイクス　セェヴン
One, two, three,
ゥワン　トゥー　すリィー
One, two, three,
ゥワン　トゥー　すリィー
One, two, three, four, five, six,　seven
ゥワン　トゥー　すリィー　フォー　ファイヴ　シイクス　セェヴン
One, two, three,
ゥワン　トゥー　すリィー
One, two, three,
ゥワン　トゥー　すリィー
One, two, three, four, five, six,　seven
ゥワン　トゥー　すリィー　フォー　ファイヴ　シイクス　セェヴン

★繰り返し

［対訳］
いち　に　さん　し　ご　ろく　しち／いち　に　さん　し　ご　ろく　しち／いち　に　さん／いち　に　さん／いち　に　さん　し　ご　ろく　しち／いち　に　さん／いち　に　さん　し　ご　ろく　しち

CD2-23

Ten Little Indians
／10人のインディアン
英語のあそびうた　編曲：川辺 真
うた：ケント・チルドレンズ・コラール

★ One little, two little, three little Indians
ゥワン リィトル トゥー リィトル すリィー リィトル インディアンズ
Four little, five little, six little Indians
フォー リィトル ファイヴ リィトル スィクス リィトル インディアンズ
Seven little, eight little, nine little Indians
セェヴン リィトル エイト リィトル ナイン リィトル インディアンズ
Ten little Indian boys
テン リィトル インディアン ボォイズ

Ten little, nine little, eight little Indians
テン リィトル ナイン リィトル エイト リィトル インディアンズ
Seven little, six little, five little Indians
セェヴン リィトル スィクス リィトル ファイヴ リィトル インディアンズ
Four little, three little, two little Indians
フォー リィトル すリィー リィトル トゥー リィトル インディアンズ
One little Indian boy
ゥワン リィトル インディアン ボォイ

★繰り返し

［対訳］
1人 2人 3人の インディアンの男の子／4人 5人 6人の インディアンの男の子／7人 8人 9人の インディアンの男の子／10人のインディアンの男の子
10人 9人 8人の インディアンの男の子／7人 6人 5人の インディアンの男の子／4人 3人 2人の インディアンの男の子／1人のインディアンの男の子

 CD2-24

Head, Shoulders, Knees and Toes
／あたま　かた　ひざ　つまさき
英語のあそびうた　編曲：赤坂東児
うた：クロイ・マリー・マクナマラ、ASIJ Kids

"OK. Everybody now we're going to sing,
オゥケェイ エヴリバァディ ナゥ ウィア ゴォウイング トゥ シィング
Head, Shoulders, Knees and Toes.
ヘド シォウルダズ ニィーズ アン トォウズ
That's Head, Shoulders, Knees and Toes.
ザッツ ヘド シォウルダズ ニィーズ アン トォウズ
Come on!"
カァモォン

★ Head, shoulders, knees and toes
　 ヘド シォウルダズ ニィーズ アン トォウズ
Knees and toes
ニィーズ アン トォウズ
Head, shoulders, knees and toes
ヘド シォウルダズ ニィーズ アン トォウズ
Knees and toes
ニィーズ アン トォウズ
And eyes and ears and mouth and nose
アン アイズ アン イァーズ アン マァウす アン ノォウズ
Head, shoulders, knees and toes
ヘド シォウルダズ ニィーズ アン トォウズ
Knees and toes
ニィーズ アン トォウズ

★繰り返し

［対訳］
さぁ みんな 歌いましょう／あたま かた ひざ つまさき／そう あたま かた ひざ つまさき／やってみよう
あたま かた ひざ つまさき／ひざ つまさき／あたま かた ひざ つまさき／ひざ つまさき／それから め みみ くち は な／あたま かた ひざ つまさき／ひざ つまさき

Hokey Pokey ／ホウキー・ポウキー

英語のあそびうた　編曲：有澤孝紀
うた：クロイ・マリー・マクナマラ、ブルー・ストリームズ

You put your right　foot in
ユゥ　プッチュア　ゥラァイト　フゥト　イン
You put your right　foot out
ユゥ　プッチュア　ゥラァイト　フゥト　アゥト
You put your right　foot in
ユゥ　プッチュア　ゥラァイト　フゥト　イン
And you shake it all about
アン　ユゥ　シェィキィ　オーラ アバゥト

★You do the hokey pokey and
　　ユゥ　ドゥ　ザ　ホゥキィ　ポォキィ　アン
You turn yourself around
ユゥ　タァーニュアセェルフ　アラァゥンド
That's what it's all　about
ザッ　ゥワット　イッ　オール　アバゥト

You put your left　foot in
ユゥ　プッチュア　レェフト　フゥト　イン
You put your left　foot out
ユゥ　プッチュア　レェフト　フゥト　アゥト
You put your left　foot in
ユゥ　プッチュア　レェフト　フゥト　イン
And you shake it all about
アン　ユゥ　シェィキィ　オーラ アバゥト

★繰り返し

You put your right　hand in
ユゥ　プッチュア　ゥラァイト　ハアンド　イン
You put your right　hand out
ユゥ　プッチュア　ゥラァイト　ハアンダ アゥト
You put your right　hand in
ユゥ　プッチュア　ゥラァイト　ハアンド　イン
And you shake it all about
アン　ユゥ　シェィキィ　オーラ アバゥト

★繰り返し

You put your left　hand in
ユゥ　プッチュア　レェフト　ハアンド　イン
You put your left　hand out
ユゥ　プッチュア　レェフト　ハアンダ アゥト
You put your left　hand in
ユゥ　プッチュア　レェフト　ハアンド　イン
And you shake it all about
アン　ユゥ　シェィキィ　オーラ アバゥト

★繰り返し

You put your bottom in
ユゥ　プッチュア　バァトム　イン
You put your bottom out
ユゥ　プッチュア　バァトム　アゥト
You put your bottom in
ユゥ　プッチュア　バァトム　イン
And you shake it all about
アン　ユゥ　シェィキィ　オーラ アバゥト

★繰り返し

You put your head in
ユゥ　プッチュア　ヘェーディン
You put your head out
ユゥ　プッチュア　ヘェーダ アゥト
You put your head in
ユゥ　プッチュア　ヘェーディン
And you shake it all about
アン　ユゥ　シェィキィ　オーラ アバゥト

★繰り返し

［対訳］

右足を　内側に入れて／右足を　外側に出して／右足を　内側に入れて／それから　ぶらぶらゆらそう

ホーキー・ポーキーをして／ひとまわり／それでおしまい

左足を　内側に入れて／左足を　外側に出して／左足を　内側に入れて／それから　ぶらぶらゆらそう

右手を　内側に入れて／右手を　外側に出して／右手を　内側に入れて／それから　ぶらぶらゆらそう

左手を　内側に入れて／左手を　外側に出して／左手を　内側に入れて／それから　ぶらぶらゆらそう

おしりを　前に出して／おしりを　後ろに引いて／おしりを　前に出して／それから　ぶらぶらゆらそう

頭を　前に出して／頭を　後ろに引いて／頭を　前に出して／それから　ぶらぶらゆらそう

CD2-26

Let Us Clap Our Hands, Okay
／手をたたきましょう
英語のあそびうた　作詞：H.V.ドレナン　編曲：有澤孝紀
うた：クロイ・マリー・マクナマラ

★Let us clap our hands, okay.
　レェラス クラァプ アウア ハァンズ オゥケェイ
Clap clap, clap.
クラァプ クラァプ クラァプ
Clap clap, clap.
クラァプ クラァプ クラァプ
Let us stamp our feet, okay.
レェラス スタァンプ アウア フィート オゥケェイ
Stamp, stamp, stamp, stamp,
スタァンプ スタァンプ スタァンプ スタァンプ
Stamp, stamp, stamp.
スタァンプ スタァンプ スタァンプ

Laugh, we will now laugh
ラァフ ウィ ウィル ナァウ ラァフ
Ha, ha, ha.
ハァ ハァ ハァ
Laugh, we will now laugh
ラァフ ウィ ウィル ナァウ ラァフ
Ha, ha, ha.
ハァ ハァ ハァ
Ha, ha, ha.
ハァ ハァ ハァ
Ha, ha, ha.
ハァ ハァ ハァ
Oh, I think I like this game.
オゥ アイ すィンク アイ ラァイク じィス ゲェイム

★繰り返し

Now let's get angry
ナァウ レェッ ゲェト アングリィ
Ugh, ugh, ugh.
アグ アグ アグ
Now let's get angry
ナァウ レェッ ゲェト アングリィ
Ugh, ugh, ugh.
アグ アグ アグ
Ugh, ugh, ugh.
アグ アグ アグ
Ugh, ugh, ugh.
アグ アグ アグ
Oh, I think I like this game.
オゥ アイ すィンク アイ ラァイク じィス ゲェイム

★繰り返し

Cry, we will now cry.
クラァイ ウィ ウィル ナァウ クラァイ
Wee, wee, wee.
ウィー ウィー ウィー

Cry, we will now cry.
クラァイ ウィ ウィル ナァウ クラァイ
Wee, wee, wee.
ウィー ウィー ウィー
Wee, wee, wee.
ウィー ウィー ウィー
Wee, wee, wee.
ウィー ウィー ウィー
Oh, I think I like this game.
オゥ アイ すィンク アイ ラァイク じィス ゲェイム

〔対訳〕
手をたたきましょう／パン パン パン／パン パン パン／足踏みしましょう／ドン ドン ドン ドン／ドン ドン ドン

笑って さぁ笑いましょう／ハァ ハァ ハァ／笑って さぁ笑いましょう／ハァ ハァ ハァ／ハァ ハァ ハァ／ハァ ハァ ハァ／あぁ これはおもしろい

さぁ 怒りましょう／プン プン プン／さぁ 怒りましょう／プン プン プン／プン プン プン／プン プン プン／あぁ これはおもしろい

泣いて さぁ泣きましょう／エン エン エン／泣いて さぁ泣きましょう／エン エン エン／エン エン エン／エン エン エン／あぁ これはおもしろい

CD2-27

If You're Happy and You Know It　／幸せなら手をたたこう
英語のあそびうた　編曲：青木 望
うた：ダフネ・シェパード、ケント・チルドレンズ・コラール

★If you're happy and you know it
　イフ ユゥア ハァピィ アンドゥ ノゥウ イト
Clap your hands*
クラァプ ユゥア ハァンズ
If you're happy and you know it
イフ ユゥア ハァピィ アンドゥ ノゥウ イト
Clap your hands*
クラァプ ユゥア ハァンズ
If you're happy and you know it
イフ ユゥア ハァピィ アンドゥ ノゥウ イト
Then you'll surely want to show it
ゼェン ユゥル シュアリィ ウウォント トゥ ショウ イト
If you're happy and you know it
イフ ユゥア ハァピィ アンドゥ ノゥウ イト
Clap your hands*
クラァプ ユゥア ハァンズ

★繰り返し

*【2 ばん】Nod your head
　　　　　ノォドゥア ヘェド
*【3 ばん】Stamp your feet
　　　　　スタァンプ ユゥア フィート
*【4 ばん】Say Ha! Ha!
　　　　　セェイ ハァ ハァ

*【5 ばん】Do all four
ドゥ オール フォー
*【6 ばん】Clap your hands
クラァブ ユゥア ハァンズ

[対訳]
自分が幸せだと思ったら／手をたたいてごらん／自分が幸せだと思ったら／手をたたいてごらん／自分が幸せだと思ったら／幸せだって体で表したいはず／自分が幸せだって思ったら／手をたたいてごらん
【2 ばん】うなずいてごらん 【3 ばん】足を踏みならしてごらん 【4 ばん】ハァ ハァと笑ってごらん 【5 ばん】4つを全部してごらん 【6 ばん】手をたたいてごらん

 CD2-28

The Finger Family ／ゆびのうた
英語のあそびうた　編曲：有澤孝紀
うた：黒田久美子、ブルー・ストリームズ

★ Daddy finger, Daddy finger,*
 ダァディ フィンガァ ダァディ フィンガァ
Where are you?
ゥウェア アー ユゥ
Here I am, here I am.
ヒィアラァイ アム ヒィアラァイ アム
How do you do?
ハァウ ドゥ ユゥ ドゥ

★繰り返し

*【2 ばん】Mommy finger, Mommy finger,
 マァミィ フィンガァ マァミィ フィンガァ
*【3 ばん】Brother finger, Brother finger,
 ブラァザァ フィンガァ ブラァザァ フィンガァ
*【4 ばん】Sister finger, Sister finger,
 シィスタァ フィンガァ シィスタァ フィンガァ
*【5 ばん】Baby finger, Baby Finger,
 ベェイビィ フィンガァ ベェイビィ フィンガァ

[対訳]
お父さん指　お父さん指／どこにいるの？／ここだよ　ここだよ／はじめまして
【2 ばん】お母さん指　お母さん指　【3 ばん】お兄さん指　お兄さん指　【4 ばん】お姉さん指　お姉さん指　【5 ばん】赤ちゃん指　赤ちゃん指

CD2-29

Happy Birthday to You
／おたんじょうびのうた
作詞・作曲：P.ヒル & M.ヒル　編曲：青木 望
うた：ダフネ・シェパード

★ Happy birthday to you
 ハァピィ バァすデェイ トゥ ユゥ
Happy birthday to you
ハァピィ バァすデェイ トゥ ユゥ
Happy birthday dear Peter*
ハァピィ バァすデェイ ディア ピィータァ
Happy birthday to you
ハァピィ バァすデェイ トゥ ユゥ

★繰り返し

*【2 ばん】Mary
 メェアリィ
*【3 ばん】Simon
 サァイモン
*【4 ばん】Lucy
 ルゥースィ
*【5 ばん】Martin
 マァーテン
*【6 ばん】Julie
 デューリィ

[対訳]
おたんじょう日　おめでとう／おたんじょう日　おめでとう／おたんじょう日　おめでとう　ピーター／おたんじょう日　おめでとう
【2 ばん】メアリー　【3 ばん】サイモン　【4 ばん】ルーシー　【5 ばん】マーティン　【6 ばん】ジュリー

CD1-1 Tomorrow
Words by MARTIN CHARNIN
Music by CHARLES STROUSE
©1977 CHAPPELL-MORRIS LTD. and CHARLES STROUSE PUBLISHING
All Rights Reserved.
Print rights for Japan administered by Yamaha Music Entertainment Holdings, Inc.

CD1-2 Ob-La-Di, Ob-La-Da
Copyright ©1968 Sony/ATV Music Publishing LLC.ALL rights administered by Sony/ATV Music Publishing LLC.,424 Church Street, Suite 1200,Nashville,TN 37219.All rights reserved. Used by permission.
The rights for Japan licensed to Sony Music Publishing(Japan)Inc.

CD1-3 Do Re Mi
Lyrics by Oscar Hammerstein II
Music by Richard Rodgers
© 1959 by Richard Rodgers and Oscar Hammerstein II
Copyright Renewed
WILLIAMSON MUSIC owner of publication and allied rights throughout the world
International Copyright Secured All Rights Reserved

CD1-4 The Lion Sleeps Tonight
©ABILENE MUSIC INC./LUIGI CREATORE MUSIC
ALL rights reserved. Used by permission.
The rights for Japan licensed to Sony Music Publishing(Japan)Inc.

CD1-6 Edelweiss
Lyrics by Oscar Hammerstein II
Music by Richard Rodgers
©1959 by Richard Rodgers and Oscar Hammerstein II
Copyright Renewed
WILLIAMSON MUSIC owner of publication and allied rights throughout the world
International Copyright Secured All Rights Reserved

CD1-7 Over the Rainbow
Words by E.Y. HARBURG
Music by HAROLD ARLEN
©1938,1939(Renewed 1966,1967) EMI FEIST CATALOG INC.
All Rights Reserved.
Print rights for Japan administered by Yamaha Music Entertainment Holdings, Inc.

CD1-8 Puff, the Magic Dragon
Words & Music by PETER YARROW and LEONARD LIPTON
© 1963 SILVER DAWN MUSIC
All Rights Reserved.
Print rights for Japan administered by Yamaha Music Entertainment Holdings, Inc.
©by HONALEE MELODIES
Permission granted by FUJIPACIFIC MUSIC INC.
Authorized for sale in Japan only.

CD1-10 My Favorite Things
Lyrics by Oscar Hammerstein II
Music by Richard Rodgers
© 1959 by Richard Rodgers and Oscar Hammerstein II
Copyright Renewed
WILLIAMSON MUSIC owner of publication and allied rights throughout the world
International Copyright Secured All Rights Reserved

CD1-11 Singin' In the Rain
Words by ARTHUR FREED
Music by NACIO HERB BROWN
©1929 (Renewed 1957) EMI ROBBINS CATALOG INC.
All Rights Reserved.
Print rights for Japan administered by Yamaha Music Entertainment Holdings, Inc.

CD1-12 Take Me Home, Country Roads
John Denver/Taffy Nivert/Bill Danoff
©Reservoir Media Music
The rights for Japan licensed to Sony Music Publishing(Japan)Inc.
©BMG RUBY SONGS
Permission granted by FUJIPACIFIC MUSIC INC.
Authorized for sale in Japan only.

CD1-14 We Are the World
Works and Music by Michael Jackson and Lionel Richie
©Copyright by Mijac Music & Brockman Music
The rights for Japan Licensed to Sony Music Publishing(Japan)Inc.
©Brenda Richie Publishing
Print rights for Japan administered by YAMAHA MUSIC Entertainment Holdings,INC.
Authorized for sale in Japan only.

CD2-2 Who's Afraid of the Big Bad Wolf?
Words by Ann Ronell
Music by Frank E. Churchill
© 1933 by BOURNE CO.
All rights reserved. Used by permission.
Rights for Japan administered by NICHION, INC.

CD2-10 Goin'to the Zoo
Tom Paxton
©Reservoir Media Music
The rights for Japan licensed to Sony Music Publishing(Japan)Inc.
©by BMG RUBY SONGS
Permission granted by FUJIPACIFIC MUSIC INC.
Authorized for sale in Japan only.

CD2-14 Everyone Is Special
©Copyright by Shimbaree Music
The rights for Japan licensed to Sony Music Publishing(Japan)Inc.